한국혁명의 빛

김제방 역사서사시집

문학공원 시선 216

한국혁명의 빛

김제방 역사서사시집

대한민국 역사를 보여주는 詩

문학공원

〈서시〉

선진국요람 청와대

5 · 16혁명(한국혁명)을 기점으로
뼈아픈 역사를 극복하고
가난한 나라를 선진국으로 끌어올린
박정희 대통령을 비롯해 이승만 · 윤보선
최규하 · 전두환 · 노태우 · 김영삼 · 김대중
노무현 · 이명박 · 박근혜 · 문재인 등 12명의
대통령이 살던 청와대(靑瓦臺)
순탄치 않은 대통령들의 말년으로
항간에서는 터가 안 좋다고들 하지만
1948년 건국 이래 74년간 이분들이
영욕의 역사를 이겨내고 우리나라는
선진국 반열에 오르게 되었다
2022년 5월 10일 제20대 대통령
윤석열 정부 탄생과 함께 청와대가 문을 닫지만
선진국 요람으로 한국의 발전상을 배우려는
관광자원으로 보존되어야 할 것이다

흑역사(黑歷史)

'흑역사'는 우리 국어사전에 없는 말이다
그러나 내 머릿속에는 '흑역사'란 단어가
늘 맴돌고 있었다
역사에 먹칠을 한다는 뜻의 흑역사…
흑역사의 주범은 YS(김영삼 대통령)다
"5 · 16혁명을 쿠데타"로 규정한 그는
"5 · 16은 우리의 역사를 후퇴시켰다"고 했다
그러면서 "문민정부의 정통은 상해임시정부"라고 해
대한민국의 역사를 부정했다

조순 전 부총리는 노태우 대통령의
경제교사로 알려져 있다
1928년 강원도 강릉에서 태어난 고인은
경기고와 서울상대를 졸업했다
육군사관학교에서 영어를 가르치다가
미국으로 유학을 떠나 버클리 캘리포니아
대학에서 경제학 박사 학위를 받았고
서울대 경제학과 교수로 일했다
육군사관학교 시절 인연이 있는 노태우 대통령의 발탁으로
1988년 부총리 겸 경제기획원 장관을 맡았고
1995년 정치에 입문해
민선 첫 서울시장에 당선되었다

서울시장 취임 첫날 삼풍백화점 붕괴사고로
취임식을 사고현장에서 열었다

조순 부총리는 YS 흑역사에 동조라도 하려는 듯
5 · 16광장을 파헤치고 여의도공원을 조성하면서
그 한가운데다가 생뚱맞은 세종대왕 동상을 세웠다
주변 환경과도 어울리지 않을 뿐 아니라
시대정신과도 동떨어진 발상이었다
경제정책의 성공으로 국가 부흥을 이끈
박정희 대통령이 아니던가…
국문학자라도 그래선 안 될 일이었다
하물며 명망 있는 경제학자 조순 교수라면
더욱 그렇다
남덕우 서강학파에 밀렸다는
패배의식의 발상이라는 의구심과 함께
'흑역사'의 유물로 기록될 것이다

2023년 정월

김 제 방

차 례

제2장 용산 대통령실

제1장

저무는 청와대

가파른 언덕

2022년 3월 9일 대통령 선거
국민의힘 윤석열 후보가 당선되었다
대통령이 바뀌었다
정권이 바뀌었다
가파른 언덕을 숨을 헐떡거리며 오른 느낌이다
좀 쉬었다 가자
서울 시내가 한눈에 보인다
아니 대한민국이 한눈에 들어온다
수건으로 땀도 닦고 목도 축이고 가자
이렇게 한 달을 쉬다가 보니
허탈하기까지 하다

절터 초석에 앉은 대통령 부부

문재인 대통령과 부인 김정숙 여사가
서울 북악산 남측 개방을 기념한 산행 도중
신라시대 법흥사 절터로 추정되는
초석에 앉은 사진이 공개되면서 논란이 일고 있다
문화재청은 "해당 초석은 문화재는 아니다"라고 했고
청와대는 "문 대통령의
불교에 대한 존중은 한결같다"고 말했다
문 대통령 내외는 4월 5일 청와대 건물 뒤편의
북악산 남측면 개방 기념 산행을 하던 중
법흥사 터로 추정되는 절터의 연화문 초석에 앉아
김현모 문화재청장의 설명을 들었다
해당 사진은 청와대가 촬영해 공개했다
불교계에서는 문 대통령 내외가 초석에 앉은 것과
김 청장의 발언을 두고 불교문화유산에 대한
인식이 낮아 벌어진 일이라는 비판의 목소리가 나왔다

검수완박

김오수 검찰총장이 4월 11일
더불어민주당이 추진 중인
검수완박(검찰 수사권 완전박탈) 법안을 두고
“검찰 수사 기능이 폐지된다면 검찰총장인 저로서는
더 이상 직무를 수행할 아무런 의미가 없다”고 말했다
민주당의 입법 강행여부를 결정하는
의원총회를 하루 앞두고
‘조건부 사의’를 밝히며 배수진을 친 것이다
검찰 관계자는 “김 총장이 검찰을 지키지 못한
역대 최악의 총장으로 역사에 남을 것을 걱정해
배수의 진을 친 것”이라고 했다
검수완박 법안에 대한 반발은
법조계 전반으로 확산되고 있으며
말을 아끼던 대통령직인수위원회도 논의에 개입했다
“대한민국 사법체계 근간을 흔드는 중차대한 사안을
민주당이 일방 강행처리하는 것에
국민의 우려가 큰 것으로 보고 있다”고 했다

3년 만에 개방한 여의도 벚꽃

코로나19 때문에 통제되었던 여의도 윤중제 벚꽃길이
3년 만에 개방되어 상춘객이 모여들었다
모두가 반기는 얼굴이었지만
아직도 코로나의 그늘은 지워지지 않았다
그러나 벚꽃이 지기도전에 '검수완박' 논쟁이 일더니
더불어민주당은 4월 12일 검수완박 입법을
윤석열 정부 출범 전
임시국회에서 처리하기로 당론을 확정했다
국민의힘 박형수 원내대변인은
"검수완박 법안 강행은
문 대통령과 이재명 고문을 지키기 위한
'방탄법안'을 만들겠다는 것"이라면서
"민주당의 비리은폐 방지법안 추진에 대해
국민은 엄중히 심판할 것"이라고 밝혔다

윤·박 달성서 회담

윤석열 대통령 당선인은 4월 12일
대구 달성군 박근혜 전 대통령 사저에서
박 전 대통령을 만난 뒤 기자들 앞에서
"아무래도 지나간 과거가 있지 않나
그래서 인간적인 안타까움과
마음속으로 갖고 있는 미안함을 말씀드렸다"고 했다
국정농단 특검 수사팀장으로 한때
박 전 대통령과 대척점에 섰던 윤 당선인은
이날 박 전 대통령의 일부 정책을 계승하겠다는
의지를 밝히는 한편
다음달 10일 열리는
자신의 취임식에 와달라는 요청을 했다
회동 후 배석한 권영세 대통령직인수위 부위원장과
유영하 변호사는
"만남은 화기애애한 분위기 속에 이어졌다"며
두 사람의 대화 내용을 전했다

윤석열 정부 내각 후보자

윤석열 대통령 당선인이 4월 13일
새 정부 첫 법무부장관 후보자로 최측근인
한동훈 사법연수원 부원장을 전격 발탁
더불어민주당은 "인사 참사정도가 아니라
대국민 인사테러"라고 반발했다
윤 당선인은 이날 서울 종로구 통의동
대통령직인수위원회 사무실에서 기자회견을 열고
2차 내각 인선안을 직접 발표했다
초대 내각 후보자 명단은 다음과 같다
국무총리 한덕수(73)
부총리 겸 기획재정부 장관 추경호(62)
부총리 겸 교육부 장관 김인철(65)
과학기술정보통신부 장관 이종호(56)
외교부 장관 박 진(66)
통일부 장관 권영세(63)
법무부 장관 한동훈(49)
국방부 장관 이종섭(62)
행정안전부 장관 이상민(57)
문화체육부 장관 박보균(68)
산업통상부 장관 이창양(60)
보건복지부 장관 정호영(62)

환경부 장관 한화진(63)

여성가족부 장관 김현숙(56)

국토교통부 장관 원희룡(58)

해양수산부 장관 조승환(56)

중소벤처기업부 장관 이 영(53)

고용노동부 장관 이정식(61)

농림축산식품부 장관 정황근(62)

3월 20일 인수위가 출범한 지 25일 만에

내각 진용을 꾸린 것이다

대통령 비서실장에는 김대기 전 청와대

정책실장(노무현 비서관 · MB 정책실장)을 기용함으로써

한덕수 국무총리 후보자

추경호 부총리 겸 기획재정부 장관

후보자 등 새 정부 내각과 대통령실

최고위 인사 진용이

모두 정통 경제관료 출신으로 채워졌다

검찰공화국

윤석열 정부의 초대 법무부 장관 후보자
한동훈 검사장이 지명됐다
그는 윤 대통령과 국정농단 특검수사, 조국 수사 등
고락을 함께해온 '분신'과도 같은 인물이다
검찰 요직에 중용될 것이란 관측을 넘어
법무부 장관 하마평엔 한 번도 오른 적이 없다
더불어민주당은 "윤 당선인이 측근들을 내세워
검찰공화국을 만들겠다는 의도를 천명한 것"이라고
반발하고 있다
문재인 정부에서 적폐청산 수사를 주도한
한동훈 후보자는 조국 전 장관 수사를 계기로 좌천돼
2년 넘게 수사권이 없는 한직을 돌았다
윤 당선인은 대선후보 당시 인터뷰에서
"정권에 피해를 많이 입었고
거의 독립운동 하듯 현 정부와 싸워온 사람"이라고 말해
논란이 됐었다
절대 파격인사는 아니라는 것이다
한동훈 후보자가 수사 역량 외에도
법무행정, 유창한 영어실력,
현대화와 글로벌 스텐더드에 맞는
사법제도 정비에 적임자라고 판단했다는 것이다

그러나 '한동훈 카드'는 법무부와 검찰을
정치의 한복판으로 끌고 들어가는
결과를 초래할 수밖에 없는 것이 현실이라고
동아일보 논설은 말한다
더구나 민정수석을 폐지키로 한 상태에서
법무부의 역할이 더 커질 수 있다
장관이 뭘 하든 '윤심(尹心)'논란이 벌어질 공산도 크다
한덕수 총리 후보자 국회 인준
장관 인사청문회 등의 관문을 거쳐야 하는 상황에서
자칫 이번 인사가 정국을 경색시키는
'블랙홀'이 될 거란 관측도 나온다
'검수완박' 법안을 강행하려는 민주당의 퇴로를 막고
강대강 대결 구도로 이어질 것이란
우려도 있다고 했다

역사의 퇴행은 문재인

동아일보 김순덕 칼럼의 글이다
고 노무현 대통령은 말로써 말 많았던 대통령이었다
"대통령 못 해먹겠다"
"이쯤 되면 막 가자는 거지요?"
"한나라당이 정권 잡으면…
토론 한번 해보고 싶은데
캬! 그놈의 헌법이 못하게 하네요"
속내를 드러내는 데 당당했던 그도 임기 말엔
"언어와 태도에서 품위를 만들어가는 준비가
부족했던 점은 인정한다"고 했다
문재인 대통령은
고인의 '안티테제'라도 해도 과언이 아니다
2009년 노 대통령의 영결식에서
상주 역할을 하면서 '대통령다운' 태도로 주목받았었다
막말 논란을 일으킨 적도 없다
즉흥발언 없이
주로 A4용지에 적힌 원고만 읽었기 때문이다
포퓰리즘이 판치는 포스트 투르스 시대
정권의 나팔수 김어준이나
트럼프 미국 대통령의 선전선동은 깎아서 들을 수 있다
그러나 얼굴도 '스펙'인 문 대통령이

반듯한 태도로 또박또박 읽는 원고에 거짓이 섞였다고
착한 국민들은 도저히 상상 못한다
2017년 6월 문 대통령은 “우리나라 에너지 정책은
국민의 생명과 안전은 후순위였다”며
고리1호기를 영구 정지시키는 탈원전 정책을 발표했다
40년간 방사능 유출사고 한 번 없었던
세계적 수준의 원자력발전 기술과
국가 인프라를 무너뜨리는 역사 퇴행의 시작이었다
2022년 4월 11일 문 대통령은
청와대 수석 · 보좌관회의에서
“역사는 때로는 정체되고 퇴행하기도 하지만
결국 발전하고 진보한다는 믿음을 가지고 있다”고 말했다
막말도 말실수도 아니다
대선에서 패배하고 퇴임을 앞둔 문 대통령의 눈에는
역사가 정체되거나 심지어 퇴행할 것으로
보였던 모양이다
걱정 마시라고 전하고 싶다
국민의힘 윤석열 대통령 당선인을 찍은 국민이
무려 1,639만여 명이다
문 대통령이 5년 전 받은 1,342만표보다
297만여 표나 많다
2017년 대선 전 ‘대한민국이 묻는다’는 책에서
문 대통령은 “우리의 권력기반은 도덕성과
역사적 소명의식”이라고 했다

운동권 정부의 도덕성은 조국·윤미향 등에서
바닥까지 보여 준 상태다
북한이 김일성을 정점으로 하는
항일독립 운동세력에 의해 세워졌고
대한민국은 정통성 없는 나라처럼 취급하는
당신들의 '좌파 수정주의'적 역사관을 용서하기 어렵다
독립투사 후손을 대대손손 우대하는 세습사회는
자유민주주의와 거리가 먼 불평등한 '신양반 사회'다
역사를 조선시대까지 후퇴시킨
문 대통령은 자신의 뼈아픈 정치 실패에 대해
국민 앞에 사과해 주었으면 한다
동아시아연구원의 대선패널조사에 따르면
투표에 영향을 미친 이슈 1위가 '부동산정책 실패'였다
김동연 전 부총리는 규제와 세금 정책만 쏟아낸
장본인이 문 대통령이었음을 시사했다
전문가를 무시하고 문 대통령의 고집으로
온 국민을 불행하게 만든 것을
진심으로 사과할 때가 됐다
잘못한 것은 잘못했다고 말하겠다던 취임사를
다시 읽어보기 바란다
아무리 '쇼통'에 능했던 문 대통령이라 해도
"정치의 역할이 크다"며
"혐오와 차별이 아니라 배려하고
포용하는 사회… 그것이

진정한 통합으로 나아가는 길"이라고
또박또박 읽는 식은 더 봐줄 수 없다
문 대통령은 국민을 갈라치기하며 5년간
너무나 깊은 혐오와 차별의 정치를 해왔다
윤석열 당선인의 취임식 슬로건이
'다시 대한민국'이다
우리는 대한민국을 다시 찾은 것이다

철수 안 했다

균열조짐을 보이던
윤석열·안철수 공동정부 대오가 극적으로 봉합됐다
윤석열 대통령 당선인과 안철수 대통령직 인수위원장은
4월 14일 오후 7시부터
강남구 한 식당에서 약 2시간 회동했다
이날 회동은 대선을 6일 앞두고 성사된
3월 3일 '윤석열·안철수 후보 단일화' 회동처럼
전격적이었다
이 자리에서 윤 당선인은 "전향적 · 전폭적으로
공동정부를 운영하기 위해 노력하겠다"고 약속했고
안 위원장은 "인수위 활동을 잘해 마무리 짓고
새정부 성공을 위해 지속적으로 협조하겠다"는
뜻을 밝혔다고 했다
차기 정부 내각 인선과정에서
안철수계 인사들이 배제된 뒤 대선 한 달여 만에
공동정부 구상이 흔들리는 상황을 두고
국민의힘과 국민의당 안팎에서 우려가 커지자
직접 나서 상황 수습을 시도했다

북한은 주적

윤석열 대통령 당선인은
4월 14일 워싱턴포스트(WP)와의 인터뷰에서
사드(THAAD:고도미사일방어) 체계에 대한
중국의 보복조치는 "부당하다"는 입장을 밝혔다
"북한은 주적"이라고 못 박으면서도
대화나 인도적 지원은 열어두는
'투트랙 접근'을 하겠다고 말했다
쿼드(Quad)와 관련해선 "즉각 합류할지 결정하기보다는
먼저 백신 · 기후변화 · 신기술 측면에서
회원국들과 시너지를 내기 위해 협력하는 게
중요한 문제"라고 말했다
한일관계에 대해서도 "악화된 양국관계가
한 · 미 · 일 협력의 아킬레스건"이라며
"앞으로 잘 풀릴 것으로 확신한다"고 말했다

검수완박은 야반도주극

한동훈 법무부장관 후보가
여당의 검수완박(검찰 수사권 완전박탈) 입법에
반대하는 뜻을 거듭 밝혔다
"할 일을 제대로 하는 검찰을 두려워해야 할 것은
오직 범죄자뿐"이라며
민주당의 검수완박 입법 시도를
"명분 없는 야반도주극"이라고 표현했다
다른 한편 청와대는 김오수 검찰총장이
'검수완박' 입법에 반대하며 요청한
문재인 대통령과의 면담을 거절했다
더불어민주당도 검수완박 관련 법안을 당론으로 발의한 뒤
이달 중 국회통과 방침을 재확인했다

25개월 만에 일상회복

2022년 4월 18일부터
영업시간 · 모임 · 행사 · 종교활동 · 인원제한 등
사회적 거리 두기가 마스크 착용만 남기고 폐지된다
2020년 3월 22일부터 시작된
코로나19 방역조치로 사회적 거리두기가
2년 1개월 만에 사라지고
국민들이 일상으로 돌아가는 것이다
하지만 확진자가 하루 10만~20만명대
위중증 환자가 1000명대
사망자가 200~300명대 안팎에 달하는 상황에서
다소 성급한 방역이라는 지적도 나온다

검찰총장의 사표

김오수 검찰총장이
여당의 '검수완박' 법안 발의에 반발하며
4월 17일 박범계 법무부 장관에게 사직서를 제출했다
한동훈 법무부장관 후보자는
"입법 폭주로 국민의 피해가 불 보듯 예상되는 상황에서
형사사법 업무를 책임지는
공직자로서의 충정으로 이해한다"는 입장문을 냈지만
박범계 장관은 "매우 착잡하다"고 했다
청와대는 공식입장을 내지 않고 있다

우크라이나 늘어나는 무덤

러시아군과 치열한 교전이 벌어졌던
우크라이나 북부 도시 이르핀에서
4월 19일 현재 러시군의 공격으로 숨진
사람들의 무덤이 넓은 공터를 가득 메우고 있다
무덤은 계속 늘어나고 있다는 전경 사진이
아침기분을 망쳐놓았다
떠났던 우크라인들 다시 고향으로
"정부는 말리지만 그래도 가고 싶다"
전쟁 두 달 맞으며 탈출보다 늘어
폴란드 국경엔 난민 캠프 마을도…
폴란드의 난민들 이젠 생계 걱정 일자리
찾아 영국 갈 생각 등…
72년 전 6 · 25전쟁의 아픔을 떠올리게 하는 아침이다

좌파정권 떠나는 소리

더불어민주당이 추진하는 '검수완박' 입법과 관련해
민주당과 진보진영 내부에서도
연일 비판의 소리가 들린다
특히 국회 법제사법위원회
안건조정위원회를 무력화하기 위해
민형배 의원이 '위장탈당'하는 등
꼼수편법 논란까지 더해지자 당 내부에서도
"이렇게까지 무리해서 할 일이냐"는
비판 기류에 힘이 실리는 모습이다
이재명계 김병욱 위원은
"민주주의 가치 능멸"이라 했고 조정훈 의원은
"586 선배들이 괴물이 되어간다"고 했다
조응천 의원은 "국민들 뭐라고 할지 두렵다"고 했다
문희상 전 국회의장은 "꼼수는 혐오감 불러…
고집 부리면 민심 떠난다"고 했다

모두 떠난다

'1세대 인권변호사'로 불린
한승헌 전 감사원장(88)이 4월 20일 별세했다
고인은 1934년 전북 진안에서 태어나
전북대 정치학과를 졸업하고
1957년 고등고시 사법과(8회)에 합격했다
법무관을 지낸 뒤
1960년 법무부 · 서울지검 검사로 법조계에 입문했다
1965년 변호사로 개업해 경향신문
필화사건(1965)을 시작으로 동백림 사건
(1967) · 통일혁명당 사건(1968) 민청학년 사건(1974) 등
여러 시국사건의 변호를 맡아
인권변호사로서 국민의 기본권 보장을 위해 헌신했다
고인은 1980년 김대중 내란음모 사건
당시 공범으로 몰려 투옥되기도 했다
1986년 홍성우 · 조영래 변호사 등과
'정의실현 법조인회(정법회)'를 결성했다
정법회는 1988년 출범한
'민주사회를 위한 변호사 모임의 전신이었다
이후 김대중 정부 때인 1998-1999년
감사원장을 지낸 뒤 노무현 정부 때는
사법제도 개혁추진위원장을 맡았다

문재인 대통령은
서초구 서울성모병원 장례식장에 차려진
빈소를 방문해 유가족을 위로했다
문 대통령은 조문 후
'감방 동기'인 고인과의 인연을 언급하며
페이스북에 "깊은 존경과 조의를 바친다
당신은 영원한 변호사였고
인권변호사의 상징"이라고 적었다

경기지사 후보 김은혜

6 · 1지방선거의 최대 격전지로 불리는
경기지사 국민의힘 후보로
김은혜 의원(성남시 분당갑 · 초선)이 확정됐다
4월 20~21일 진행된 당내 경선에서
김 의원은 합산 득표율 52.67%를 기록해
44.56%에 그친 유승민 전 의원(4선)을 꺾고
최종 후보로 선출됐다
인천시장 후보 유정복 전 인천시장
경남지사 후보 박완수 의원
울산시장 후보 김두겸 전 울산 남구청장을
각각 확정했다

문재인 · 김정은 친서교환

문재인 대통령이 퇴임을 앞두고
김정은 북한 국무위원장과 친서를 교환
북한은 이례적으로 친서교환 사실을 공개하면서
문 대통령의 지난 5년간 대북정책을 높이 평가했다
문 대통령은 친서에서
"아쉬운 순간들이 벅찬 기억과 함께 교차한다"며
"그래도 김 위원장과 손잡고
한반도 운명을 바꿀
확실한 한 걸음을 내디뎠다고 생각한다"고 밝혔다
김 위원장은 "평화와 번영을 위해 함께 했던 나날들이
감회 깊이 회고되었다"며
"우리가 희망하였던 곳까지는 이르지 못했지만
남북관계의 이정표로 될
역사적인 선언과 합의를 내놓았고
이는 지울 수 없는 성과"라고 회신했다

문재인 정부 자화자찬

문재인 정부의 임기 말 자화자찬이
낯 뜨거울 정도라는 동아일보 사설이다
북한에 친서를 보내 “한반도 운명을 바꿀
확실한 걸음을 내디뎠다고 생각한다”고 했지만
여기에 동의할 국민이 얼마나 될지 모른다고 했다
북한은 올해에만 13차례나 무력시위를 벌이며
도발을 이어왔다
물러나는 마당에 굳이 유쾌하지도 않은 기억들까지
소환할 필요가 있겠느냐는 것이다
4월 20일 전직 총리 · 장관급 인사들과의 오찬에서는
“외국 정상들과 만나거나 통화할 때
대한민국이 많은 찬사를 받았다”고 강조했다
① 촛불혁명으로 탄생한 정부라는 점
② 합법적인 정권교체를 이루고 민주주의를
되살렸다는 점
③ 코로나19 방역과 경제 측면 등에서
극찬을 받았다는 것이다
4 · 19 메시지에선 “우리는 코로나19 속에서도
민주주의를 확장했다”고 했다
문재인 정부의 민주주의 훼손 사례는
손꼽기도 벅찰 정도다

위헌 논란까지 제기된 '검수완박' 법안 처리를 위해
여당 의원이 위장 탈당을 해도
대통령은 모르쇠로 일관했다
지난 5년 동안 국회 인사청문회는 무용지물이 됐고
절대 중립을 지켜야 할
대법원장 · 중앙선거관리위원장 등은 '코드인사'로 앉혔다
소득주도성장 · 탈원전정책
부동산정책 실패 등으로 인한 경제적 손실은
셈하기도 어려울 만큼 크다
여기에 한 마디를 덧붙인다면
조국 전 법무부장관의 말처럼
문재인 정부가 대한민국을 선진국으로 이끌었다고
하지 않은 것이 그나마 다행일 것이다

한덕수 청문회 보이콧

한덕수 국무총리 후보자
국회 인사청문회가 첫날인 4월 25일
오전 시작 39분 만에 더불어민주당과 정의당의
'보이콧'으로 파행 끝에 산회했다
민주당과 정의당이
"한 후보자 측 자료 제출이 불성실하다"며 불참한 가운데
국민의힘은 "새정부 발목 잡기"라고 맞섰다
같은 날 24일 오후 9시 30분(현지시간)
프랑스 파리 에펠탑 앞 상드마르스 광장에
대선 경선투표에서 재선에 성공한
에마뉘엘 마크롱 대통령(45)이
연설을 하기 위해 도착하자 시민들은
"극우를 막아냈다"며 환호했다
중도 성향의 마크롱 대통령은 58.5%를 득표해
41.5%를 얻은 극우
마린 로펜 국민연합 대표(여 · 58)를 제쳤다

궁지 몰린 권성동

국민의힘이 4월 25일 여야가 합의한
검찰수사권 조정 중재안을 뒤집고 나면서
합의문에 서명한 권성동 원내대표가 위기에 몰렸다
더불어민주당이 재협상을 일축하면서
권 대표의 위기 탈출전략도
더욱 어려워졌다는 평가가 나온다
윤핵관의 맏형 격인 권 원내대표의 결정에
윤석열 당선인의 의중이 실렸을 것이라고
본 의원들은 결국 이를 추인한 것으로 전해졌다
그러나 뒤늦게 합의 당시 권 원내대표와 윤 당선인이
면밀하게 상의하지 않았다는 정황이 전해지면서
당내 여론이 돌아서는 분위기다
여기에 윤 당선인이
합의안 재검토 필요성을 언급한 데 이어
당원들 중심으로 사퇴론이 분출되자
합의안을 고수하던 권 원내대표도
재논의로 물러섰다

경기지사 후보 김동연

4월 25일 더불어민주당 경기지사 후보로
김동연 전 경제부총리(65)가 선출되었다
김 전 부총리는 경기지사 경선에서 50.67%를 득표해
안민석 의원 21.61%
염태영 전 수원시장 19.06%
조정식 의원 8.66%를 제치고 후보로 선출됐다
김동연 전 부총리는 진보 · 보수 정부에서
모두 중용된 경제관료 출신이다
노무현 정부때 '비전 2030' 작성을 주도
이명박 정부에서 청와대 경제금융비서관과
기획재정부 2차관을
박근혜 정부에서는 국무조정실장을
문재인 정부에서는 초대 부총리 겸
기획재정부 장관을 지냈다

강병서 내각

윤석열 1기 내각
국무총리 · 장관 후보자들 대부분은
서울 강남 3구 11명
본인 · 직계비속의 병역면제 7명
서울대 출신 11명 등으로
강병서 내각이라는 경향신문의 기사다
또 후보자 19명 중 고시 합격자는
10명이라고 모두가 윤석열 당선인과
일치하는 특징이 있다고 했다

문 대통령의 쓴소리

문재인 대통령이
윤석열 대통령 당선인이 추진하는
대통령 집무실 용산 이전계획에 대해
"별로 마땅치 않게 생각한다"며
"정말 위험하다"고 비판했다
문 대통령은 4월 26일 공개된 jtbc
'대담 - 문재인의 5년'에서 "집무실을 옮기는 게
국가의 백년대계인데
어디가 적절한지 여론 수렴도 해보지 않았다"며
"안보 위기가 가장 고조되는 정권 교체기에
3월 말까지 방 빼라
우리는 5월 10일부터 임무 시작하겠다
이런 식"이라며 작심한 듯 발언을 쏟아냈다
윤 당선인이 주장한 '선제타격론'과 관련해서도
"외교경험이 없어서 그런 것"이라며
"대통령 모드로 돌아가야 한다"고 말했다

인민혁명군 90주년

북한이 4월 25일 김일성광장에서 개최한
조선인민군 창건 90주년 열병식에서
'괴물 대륙간탄도미사일인 화성-17형과
신형잠수함발사탄도미사일 등
주요 전략무기가 대거 등장한 것으로 확인됐다
김정은 위원장은 연설에서
한미를 겨냥한 강도 높은 핵 타격 위협은 물론이고
7차 핵실험을 시사하는 발언도 쏟아냈다
다음 달 윤석열 정부 출범과
한미정상회담을 앞두고 핵무력을 앞세운
강대강(强對强) 대결을 예고한 것이다

신구세력의 갈등

윤석열 당선인 측이 4월 27일
대통령 집무실의 용산 이전계획에
부정적인 뜻을 밝힌 문재인 대통령을 향해
“임기가 보름이 채 남지 않았다”며
불쾌감을 드러냈다
배현진 당선인 대변인은
“퇴임 시점이 얼마 남지 않은 만큼
대통령으로서 국민과 헌법가치를 수호하는 일에
관심을 갖고 책무에 집중해주실 거라고 믿고
부탁드리고 싶다”며 이같이 밝혔다
이에 대해 탁현민 대통령의전비서관은
“퇴임 후 문 대통령을 걸고 넘어지지 않았으면 좋겠고
걸고 넘어지면 물어버릴 거다”라는 반응을 보였다

초고속 한미정상회담

윤석열 대통령 당선인과
조 바이든 미국 대통령이
5월 21일 서울에서 한미정상회담을 갖는다
5월 10일 윤 당선인 취임 11일 만에
'초고속 정상회담'이다
한국 일본을 연이어 방문하는
바이든 대통령은 첫 아시아 순방지인 한국에서
'대(對)아시아 연설'을 준비하고 있는 것으로 알려졌다
젠 사키 백악관 대변인은 4월 27일
"바이든 대통령이 다음 달 20-24일
한국과 일본을 방문한다"고 발표했다
배현진 당선인 대변인도 4월 28일
"다음 달 21일 한미 정상회담을 열 예정"이라고 밝혔다

마스크 해제도 대결

5월 2일부터 실외마스크 착용 의무를
공식 해제하는 정부의 결정을 두고
정부와 인수위가 또다시 맞섰다
정부는 방역 상황과 전문가 의견을
종합적으로 검토했다고 밝혔지만
새 정부를 대표하는 안철수 위원장은
"다시 증가세로 돌아선다면
책임은 누가 지느냐"고 강하게 반발했다
안철수 위원장 측은 "문재인 정부가
공(功)욕심에 성급하다"는 주장이다

동구릉(東九陵)

동구릉에는 9개의 능이 있다
건원릉 - 태조 이성계
현릉 - 제5대 문종 · 현덕왕후
목릉 - 제14대 선조 · 의인왕후 · 인목왕후
휘릉 - 제16대 인조비 장열왕후
숭릉 - 제18대 현종 · 명성왕후
혜릉 - 제20대 경종비 단의왕후
원릉 - 제21대 영조 · 정순왕후
수릉 - 제23대 순조의 효명세자 · 신정왕후
경릉 - 제24대 헌종 · 효현왕후 · 효정왕후

4월 29일 출판사 문학공원 사장 김순진 교수
편집장 전하라 시인과 함께 동구릉엘 갔다
1960년 4 · 19혁명 직후 대학교 3학년 때
한번 간 일이 있고 이번이 두 번째다
62년 만에 다시 찾은 것이다
자유당 정권이 몰락하고 민주당이 집권하던
그해 7월 29일 국회의원 선거가 실시됐다
이때 충남 예산에서 성원경 전 의원이
출마를 준비하면서 대학생들을 모아
동구릉에서 단합을 다짐하는 자리였다

아니 우리가 스스로 원해서 만든 자리였는지도 모른다
사회진출을 하기 위해는
든든한 '빽'이 있어야 한다고 생각했기 때문이다
5명의 대학생이 참여했다
교통이 열악해 논두렁 밭두렁을 건너 찾아간
동구릉이었지만 입구에서 자리를 깔고 일을 마쳤다
그때 찍은 사진이 여러 장 있는데
왕릉은 구경도 못했고
관리가 안 돼 릉 전체가 숲으로 덮여 있어
관광을 할 수가 없었던 것으로 기억된다
늘 궁금하던 차에 문학공원 김 사장이
느닷없이 동구릉엘 가자고 해 흔쾌히 따라나섰는데
그때완 완전 달랐다
구리시(九里市)에 편입되고
유네스코 세계유산으로 등재되어
완전히 공원화된 동구릉을 관광하고 나온 나는
이제 궁금증이 모두 풀렸다
태조릉 봉분에는 억새풀이 심어졌다고 했다
태조의 유언으로 고향에서 가져온 억새풀
아들 태종 이방원을 괴롭힌 미련한 아버지
이성계의 고집이 억새풀로 상징되고 있는지도 모른다
요즘 KBS1 드라마 '이방원'이 방영되고 있어서
더욱 관심 있게 보였다
문재인 · 윤석열 정권교체기의 갈등도 그렇고…

그때를 회상하면서

1960년 7월 29일 국회의원 선거에서
성원경(成元慶) 의원이 당선되어
국회개원식이 있었다
지금 서울시청 옆 서울시의회 자리였다
개원식 하는 날 시청 뒤편 한일다방엘 갔다
회랑같이 긴 다방에 사람이 가득했다
얼마 후 성원경 의원이 다방에 들어서자
그 많은 사람들이 모두 일어나 인사했다
이 많은 사람들이?
나는 그날로 결심했다
실력을 키워야 한다고 생각한 나는
학교도서관으로 향했다
그때 같이 한 친구가 김연수(金演洙)였다
그해에 실시한 장학생시험에 합격했는데
당시의 장학금제도는 이게 전부였다
건국대학교 교시(校是)가 성신의(誠信義)로
장학금도 3단계로 김연수는 성(誠)
나는 의(義)로 합격했다
1961년 4학년 때 5 · 16혁명이 일어났다
1962년 졸업 때 학사고시라는 게 시행돼
고시에 합격해야 졸업장이 수여되었다

졸업장이 없으면 취직시험도 볼 수가 없었다
김연수와 나는 충주비료공장 공채시험에 나란히 합격해
한국일보에 합격자 10명이 발표됐다
김연수는 4번 나는 6번으로
면접시험 후 20여일 만에 3번까지만 합격됐다
보훈처의 압력으로 7명이 탈락한 것이란 후문이었다
실망한 우리 둘은 계리사* 시험 준비를 결심하고
선의의 경쟁을 약속하였다
그때 마침 학사경찰 모집공고가 나왔다
정보 · 수사계 형사로 나는 정보과를 택해
경찰학교에서 교육을 받으면서 외사계 근무직원
시험에도 합격했다
그러나 졸업 후 부산시경찰국(현 부산경찰청) 정보과에
발령을 받고 부산으로 내려가 근무하게 되었다
3개월 후 청와대 경호요원 모집공고가 나왔다
여기에 응시해 15명이 합격했고 경찰학교에서
특수경호교육을 끝내고 용산 미8군 헌병대
데스크에서 깜짝 근무를 하다가
1963년 10월 청와대 근무가 시작되었다
1967년 공인회계사 시험에 합격하고
1969년 4월 한국공인회계사회에 개업을 신고
현재에 이르고 있다
김연수는 나보다 2년 전에 공인회계사 시험에 합격하고
소공동에서 개업하고 있었다

정신없이 바빴던 젊은 날이었다
1962년 처음으로 실시한 학사고시(學士考試)는
많은 문제가 발생했다
소위 SKY 대학에서도 다수가 탈락했고
90% 이상이 탈락한 대학교도 있었다는 후문이었지만
결과는 공개되지 않았다
학사고시는 한번 시행으로 폐지되었고
불합격자도 모두 구제되었다
이렇듯 많은 어려움을 딛고 살아온 우리 세대는
그래도 불행하다고 생각해본 일이 없다
우리나라는 비약적으로 발전했고
그 발전과정을 지켜보며 많은 혜택을 받아온
행복한 세대라 자부하게 되었다
늙으면 추억속에 산다고 했던가?

* 계리사 : 1957년에 제정된 계리사법(計理士法)을 1966년 공인회계사법(公認會計士法)으로 개정하였음.

서울 · 경기 민심

중앙일보 · 한국갤럽이 5월 2일 발표한 여론조사에서
대통령실 이전 반대 55%
검수완박 반대 53%
6 · 1지방선거에서
경기지사는 김동연 42.6% 김은혜 42.7%
서울시장은 송영길 32.7% 오세훈 54.6%로 나타났다
5월 2일부터 시작되는 윤석열 정부 초대 내각에 대한
국회 인사청문회를 앞두고
민주당은 한덕수 국무총리 후보자에 집중하고 있다

반통령으로 기억될 文

2022년 5월 2일 동아일보 박제균 칼럼은
"'떠날 때는 말없이'는커녕
왜 그리 할 말이 많는가?
그것도 퇴임 후엔 '잊히고 싶다'던 분이
말의 내용은 기가 막히다"고 했다
거의 다 자화자찬 · 내로남불 · 궤변 이니면
후임자 깎아내리는 것이다
국정실패(國政失敗)를 조금이라도 시인하고
후임자를 배려했다면 떠나는 뒷모습이
조금은 더 크게 보였을 것이다
더불어민주당은 '검수완박'으로 폭주하는 사이
홀로 여기저기서 "문재인 정부는 성공했어요"를
외치는 모습이 안쓰럽기까지 하다

노무현 대통령은 회고록에서
"참여정부는 절반의 성공도 못했다
지금 나를 지배하고 있는 것은
실패와 좌절의 기억"이라고 토로했다
잘못을 솔직하게 시인한 노무현의 인간적 면모가
그를 더 추억하게 만드는 것 아닌가
하지만 문 대통령은 경남 양산에 내려가서도

자신이 뭘 잘못했는지 모를 것 같다
오히려 성공한 대통령이었다는
'대안 세계'에 살지 않을까
이는 "인간 문재인의 행복"이고
"많은 국민의 불행이다"라고 했다
대한민국 역사를 돌아볼 때 대통령이라는 직함이
가장 어울리지 않았던 한 분을 꼽으라면
단연 문재인 대통령일 것이다
그는 5년이 되도록 국가(國家) · 국민(國民)이라는
큰 그림을 보지 못했다
오로지 '우리 편'을 주류세력으로 교체하겠다는
'세상 바꾸기 게임'에 몰두했다
집권자가 돼서도 대놓고 '우리 편'만 드는
사상 첫 대통령이다
임기 말인 지난주까지도 상대편은 '저쪽'
우리 편은 '이쪽' '우리 편'으로 부르며 선을 그었다
문 대통령은 원래 정치를 할 의사가 없었다
그런 사람을 친노(親盧) 운동권 세력이
'기획상품'으로 내세워 대통령으로 만들었으나
의사는 물론 능력도 없음이 드러난 것이다
그 결과가 참담한 국정실패다
무비판적 팬덤을 키워 정치를 병들게 하고
공정 · 정의 · 상식과 언어의 경계선을 허물어
사회의 건강을 좀먹은 건 보너스다

이제 8일밖에 남지 않은 임기(任期)
측근인 김경수 전 경남지사 사면이라도 자제해
마지막이라도 대통령다움을 보였으면 한다
그러나 문 대통령에 관한
불안한 상상은 항상 현실이 되고
'뭘 상상해도 그 이상'이었으니
별 기대는 하지 않는다
그는 퇴임 후 "잊힌 사람으로 돌아가고 싶다"고 했지만
도리어 잊고 싶은 사람은 우리다
하지만 어쩐지 그러지 못할 거란 불안한
예감이 든다고 끝을 맺었다

떠나는 이에게 너무 야박한 평이 아닌가 하는
생각이 드는 것도 사실이다

대통령까지 꼼수

검수완박 '대못' 박고 국정 마무리한 문재인 대통령
"임기 내 검찰개혁" 법안 공포 5시간 46분!
이른바 '검수완박' 법안이 5월 3일
서울 여의도 국회를 출발해
청와대에서 최종 공포하는 데까지 걸린 시간이다
74년 국가 형사·사법체계의 근간을 흔들기 위해
'당일 공포'라는 전략을 짠
더불어민주당-청와대의 공조는 치밀했다
특히 문재인 대통령은 자신이 주재하는
마지막 국무회의를 오전 10시를
오후 4시로 다시 오후 2시로
두 차례나 시간을 옮기며
171석 거여(巨與)의 입법독주에 적극적 동조했다
"청와대가 검수완박 처리를 위한
'5분대기조'로 전락했다"는 비판마저 나온다

검수완박 법이란

더불어민주당이 밀어붙인 검수완박법은
힘 있고 권력 있는 사람들의 범죄는 숨기고
힘없고 배경 없는 국민의 범죄 피해는
구제받기 어렵게 한 것이다
국민기본권 보장 운운하지만 실상
"문재인 · 이재명 지키기"이자 정치인들을
법 위의 특권계급으로 만든 법이라는 것이
중앙일보 사설이다

검수완박 후폭풍

더불어민주당이 앞장선 '검수완박' 폭거에
문재인 대통령도 동승했다고
한국경제 사설이 쓰고 있다
국민의힘은 헌법재판소에 관한 쟁의심판 청구를 했고
검찰도 검토하고 있다
법조계 · 학계 · 시민단체도 헌법소원과
위헌소송을 줄줄이 준비하고 있다
국민투표 주장까지 나왔다
문 대통령은 이 과정에서 터져 나올 갈등으로 인한
엄청난 사회적 비용을 어떻게 감당하고 책임질 건가
국민통합에 앞서도 모자랄 판에
떠나는 대통령이 대분열 · 대혼란의 폭탄을 던져놓은 건
도리가 아니다 라고도 했다

검수완박 경향신문 사설

한국 검찰은 과거
수사개시 · 수사지휘 · 수사종결 · 영장청구권을 보유하고
기소권까지 독점하며 '무소불위'로 불렸다
문재인 정부는 검찰개혁을 중대 국정과제로 추진해왔고
그 결과가 지난해 수사권 조정으로
검찰의 직접수사 대상이
부패 · 경제 · 공직자 · 선거 · 방위사업 · 대형참사 등
6대 범죄로 축소됐다
고위공직자범죄수사처(공수처)가 출범하며
기소독점주의도 깨졌다
'검수완박' 입법에 따라 검찰이
직접수사를 개시할 수 있는 범죄는
부패 · 경제사범 2가지로 더 줄었다
향후 시행령을 통한 수사확대 가능성을 열어뒀지만
입법 취지에 반하는 수사는 쉽지 않을 것이다
기소권 역시 제한돼 특정사건 수사를 개시한 검사는
해당 사건 피의자를 기소하지 못하게 된다
그러나 형사사법체계의 일대 변화를 가져올 입법이
더불어민주당의 일방적 속도전으로 진행돼
우려를 낳고 있다
가장 큰 문제는 수사영역이 확대되며

비대해질 경찰 권력을 어떻게 견제할 것인가다
'한국형 FBI'로 불리는 중재범죄수사청(중수청) 신설이
대안으로 거론되는데
이를 논의할 사법개혁특위 구성에
국민의힘이 협조하지 않을 경우
중수청 문제는 표류할 가능성이 크다
또 개정 형소법은
경찰이 사건을 검찰에 넘기지 않고 종결하는 경우
직접적 피해자나 고소인이 아닌
'고발인'은 경찰에 이의신청을 할 수 없도록 했다
시민단체나 공익적 대리인의 도움을 받아온
경제 · 사회적 약자들이 피해를 입을 우려가 크다
개정을 통해서라도 신속한 보완이 절실하다
여야는 검수완박 입법 과정에서 극한 대결을 보였다
민주당은 다수의석을 앞세워
'기획탈당' '기획쪼개기' 같은 편법을 동원하고
국회법이 규정한 숙의절차를 무력화했다
국민의힘은 국회의장 중재로
민주당 · 정의당과 합의한 안을 사흘 만에 폐기하는 등
협치를 내팽개쳤다
본회의장은 고성과 욕설
몸싸움과 삿대질로 아수라장이 됐다
검찰과 국민의힘은 헌법소송을 제기할
움직임도 보이고 있다

이제는 정치권 전체가 이성을 되찾고
국민기본권을 보호하는 방향의 논의에
초점을 맞춰야 한다
숙의(熟議)와 협치(協治)를 되살려야 한다

1.3억짜리 셀프훈장

문재인 대통령이 마지막 국무회의에서
자신과 김정숙 여사가 받게 될
무궁화대훈장 영예수여안을 의결했다
셀프 수여 논란에도 개의치 않았다
두 사람이 받게 될 훈장은 금 190돈에
각종 보석을 치장해 세트당 제작비용이
6천만원(두 세트에 136,000,000원)을 훌쩍 넘어간다
안중근 의사 등에 수여한 건국훈장 대한민국장
제작비(172만원)와 비교하면
과하다는 느낌이 든다고…
5년전 취임식에서
"구시대의 잘못된 관행과 과감히 결별하겠다"
"빈손으로 취임하고 빈손으로 퇴임하겠다"고 했던
그는 '검수완박' 법안을 공포한 자리에서
셀프훈장 수여도 의결했다
하기는 5년 내내 써준 원고를 들고
초등학생처럼 또박또박 읽어 내려가는 일도
그리 쉽지는 않았을 것이다

민주당 지지율 급락

더불어민주당 지지율이
'검수완박'을 추진한 이후 크게 하락한 반면
국민의힘 지지율은 6개월 만에
최고치를 기록한 것으로 나타났다
검수완박 밀어붙인 거여(巨與)
이젠 '한덕수 볼모'로 새 정부 발목잡기
총리인준 조건 내걸고 '몽니'
"한동훈 · 정호영 지명철회하면
한덕수 총리 인준해 주겠다"
"법사위원장도 못 내줘"…
합의 다 뒤집겠다는 더불어어민주당
5월 2-4일
엠브레인 · 케이스텟 · 코리아리서치 · 한국리서치 등
4개 여론업체의 조사에 따르면
국민의힘 지지율은 41%
더불어민주당은 30%

떠나는 문재인의 뒷모습

2016년 전국에서 촛불을 들고
'비정상의 정상화'를 외치던
시민들의 지지와 염원을 안고 출발한
문재인 정부의 5년 여정이 이제 끝나가고 있다
촛불시위에는 진보와 보수라는 편 가르기도 없었고
어르신과 청년이 다르지 않았다
집권 초기에 70%가 넘는 대통령 지지율도
이런 촛불 시민의 희망이 반영된 것이라고 생각한다
그러나 문재인 대통령은 국민에게서 받은
'통합과 희망'을 5년 후에 '분열과 절망'으로 되돌려줬다
지난 5년 문재인의 길은
① 정경유착의 고리를 끊고
② 투명하고 소통하는 정치
③ 공정한 경제
④ 정의로운 사회를 만드는 미래지향적인 길이 아니었다
참여정부의 실패를 만회하겠다는
과거지향적 목표에 사로잡혀
①부동산 문제 ②남북 문제 ③검찰개혁에 집착했으나
단기적 성과에 매달리면서 논란과 분열만 부추겼다
'다시는 실패하지 않겠다'라는 생각에
사로잡힌 결과일까?

문재인 대통령은 정책 실패나
자신의 실수를 인정하지 않았고
잘못은 철저히 남이나 환경 탓으로 돌렸다
장관 후보자에 대한 도덕적 결함이나
야당의 반대는 무시했고 국민과 적극적으로
소통하려는 시도도 별로 하지 않았다
일관성 없는 잣대로 자신과 측근
그리고 상대방을 평가함으로써
한편에서는 위선과 '내로남불'이라는 비판을 받았고
다른 한편에서는 맹목적 지지를 얻었다
문재인의 길은 '불통 · 오기 · 내로남불'
'단기적 성과주의' 그리고 '기득권 프랜들리'였다고
경향신문 정동칼럼
박상인 서울대 행정대학원 교수는 말하고 있다

어수선 정국

윤석열 대통령 당선인이
한덕수 국무총리 후보자에 대한
국회 인준 지연과 관련해
"새 정부는 총리 없이 갈 수밖에 없다"고
말한 것으로 알려졌다
인준 지연 배경에 국회 절차를 무기로
한동훈 법무부장관 후보자 등의 낙마를 압박하는
더불어민주당의 '연계전략'이 있다고 판단하고
이를 정면 돌파하겠다는 의지를 드러낸 것이다
여기에 이재명 전 경기지사와
안철수 대통령직인수위원장이
6·1지방선거와 함께 치러지는
국회의원 보궐선거 출마를 5월 6일 공식 선언했다
이재명 - 인천 계양갑
안철수 - 성남 분당갑에
3·9대선 이후 58일 만에 재등판하는 것으로
그동안 대선주자급 정치인들이 최소 1년 이상의
휴지기를 거친 뒤 복귀했던 것에 비하면 이례적이다

퇴장하는 文 정권

부동산 · 나랏빚 · 북핵 숙제 남기고
퇴장하는 문재인 정부
문재인 대통령이 5월 9일 청와대에서
마지막 근무를 한 뒤 퇴임한다
지난 5년간 검찰개혁 · 소득주도성장 등에
드라이브를 걸었지만
국론만 분열시킨 채 용두사미로 마무리했다
임기 내내 이어진 부동산 가격 급등을 해결하지 못했고
코로나19 대응 등을 이유로
막대한 재정을 쏟아부어
국가 부채를 급증시켰다는 평가를 받고 있다

하늘의 별이 된 강수연

한국영화의 첫 월드스타 강수연이
지난 5일 오후 서울 압구정동 자택에서
뇌출혈로 쓰러져
구급대원이 출동했을 당시 심정지 상태였다
병원으로 옮겨진 고인은
끝내 의식을 되돌리지 못했고
7일 오후 3시쯤 숨을 거뒀다 56세
1966년 서울에서 태어난 고인은
69년 TBC 전속 아역배우로 연기를 시작했고
평생 배우로 살았다
21세 때인 87년 베니스 국제영화제에서
임권택 감독의 '씨받이'로
아시아에선 처음으로 여우주연상을 받았다
제3대 영화제인 칸 · 베를린 · 베니스 국제영화제에서
한국영화의 첫 수상이었다
고인은 지병이 있는
부모님 · 큰오빠를 지극정성으로 모시고
누이동생을 이끌면서
가장으로 힘들게 그러면서도
지혜롭게 살아온 것으로 알려졌다

文 대통령 퇴임 연설

문재인 대통령은 5월 9일 오전 10시부터
12분간 본관 1층 로비에서 준비한 퇴임연설문
'위대한 국민께 바치는 헌사'를
담담하게 읽어 내려갔다
"대통령으로서 무거운 짐을 내려 놓는다"며
"이제 평범한 시민의 삶으로 돌아가
성공하는 대한민국의 역사를 응원하겠다"고 말했다
"지난 5년은 국민과 함께
격동하는 세계사의 한복판에서
연속되는 국가적 위기를 헤쳐온 시기였다
대한민국은 이제 선진국이며 선도국가가 됐다"고 밝혔다
문 대통령은 한반도 전쟁위기를 대화국면으로 전환시킨
평창동계올림픽 · 일본 수출규제 · 코로나19 방역
1인당 국민소득 35,000달러 돌파 · 한류 확산
한국판 뉴딜 등을 임기 중 성과로 내세웠다
코로나 위기를 겪으면서 대한민국은 어느덧
민주주의 · 경제 · 수출 · 디지털 · 혁신 · 방역 · 보건의료
문화 · 군사력 · 방산 · 기후위기 대응 · 외교와
국제협력 등 많은 분야에서 선도국가가 돼 있었다
2차 세계대전 후 지난 70년간
세계에서 가장 성공한 나라

개발도상국에서 선진국으로 진입한
유일한 나라가 됐다고 밝혔다
문 대통령은 윤석열 신임 대통령에게
“이전 정부들의 축적된 성과를 계승하고 발전시켜
더 나은 미래로 나아가기를 기원한다”고
당부하기도 했다

퇴임 연설 반성 없다

국민의힘은 문 대통령의 퇴임 연설을 두고
국정 실패에 대한 반성이 빠져 있다고 비판했다
이준석 국민의힘 대표는
"문재인 정부 5년 성과가 무엇이냐 하면
박한 평가를 할 수밖에 없다"라고 말했다
이 대표는 "검찰개혁이라는 구호로 세상을 갈라치기할 때
또 토착왜구라는 단어가 횡행하던 시절에
정부 대처가 잘못됐다 생각하고
도저히 안 되겠다고 생각했다"며
"잘한 점을 평가하자고 하면 윤석열 당선인과
최재형 전 감사원장 같은 분들이 임명된 것"이라고 했다
10일 출범하는 윤석열 정부에선
"문재인 정부의 과오를 반면교사로 삼겠다"고 했다

러시아 전승기념일

전승기념일에 '우크라이나 침략'을 정당화한
블라디미르 푸틴 러시아 대통령은
5월 9일 수도 모스크바 붉은 광장에서 열린
2차 세계대전 전승기념식에서 나토의 확장을 비난하며
"우크라이나 침공은 위협에 대응하기 위한
선제적이고 주권적인 결정이었다"고 주장했다
푸틴 대통령은
국가총동원령 선포 등에 대해선 언급하지 않았으나
우크라이나에서 전개하고 있는 "특수 군사작전"은
목표 달성할 때까지 지속할 것이라고 했다

文 대통령 마지막 퇴근

문재인 대통령은 5월 9일 오후 6시께
김정숙 여사와 함께 청와대 직원들의 배웅을 받으며
마지막 퇴근길에 나섰다
청와대 인근에는 지지자 수천 명이 집결해
파란색 모자와 손피켓 등을 들고
문 대통령을 배웅했다
문 대통령은 청와대 앞 분수대 앞 연단에 올라
지지자들을 향해 "여러분 고맙습니다
다시 출마할까요"라고 묻기도 했다
이에 지지자들이 환호하자 문 대통령은
"성공한 전임 대통령이 되도록 도와 달라"고 말했다
서울 모처에서 하룻밤을 보낸 문 대통령은
10일 윤석열 대통령 취임식에 참석한 뒤
경남 양산 사저로 내려간다

마지막까지 촛불 타령

임기 마지막까지 촛불 타령으로
자화자찬한 문재인 대통령
인플레이션 먹구름이 짙어지고
북한의 핵 위협이 새로운 단계로 접어드는 와중에
문재인 정부가 물러났다
문 대통령은 퇴임연설에서
민주주의 · 경제에서 큰 발전을 이뤘다며
'대한민국 선도국가론'까지 폈지만
얼마나 공감할지 의문이다
"나라다운 나라를 요구한 촛불광장의 열망에
우리 정부가 얼마나 부응했는지
숙연한 마음이 든다"고 말한
대목에서는 "끝까지 촛불타령이냐"는 반응이
절로 나온다고 한국경제 신문 사설은 말한다

F-35A 한·미연합훈련

윤석열 대통령 취임식을 하루 앞둔
5월 9일부터 한미공군이 2주간 일정으로
공중 연합훈련을 시작한다
복수의 군소식통에 따르면
북한이 두려워하는 F-35A 스텔스 전투기가
이번 훈련에 참가한다
군 안팎에선 "윤석열 행정부 출범으로
당분간 남북한 간 '강 대 강' 국면이 예상되는 가운데
북한의 도발을 언제든 응징할 수 있다는
경고의 메시지"라는 풀이가 나온다
이번 연합훈련은 해마다 이맘때쯤
실시하는 연례 훈련이다

문재인 해방됐다

“평산마을 주민들께 전입신고 드리겠습니다”
문재인 전 대통령은 5월 10일 오후
사저가 있는 경남 양산 하북면 평산마을에 도착해
주민들과 지지자들 앞에서 이같이 말했다
문 전 대통령은 “평산마을에서 보내게 될
제2의 삶 새로운 출발이 정말 기대가 많이 된다”며
“이제 주민들과 농사도 짓고 막걸리잔도 나누고
경로당도 방문하고 잘 어울리며 살아보겠다”고 했다
평산마을 현장에는 지지자 2,400여 명이
더불어민주당을 상징하는 파란색 풍선과
손팻말 등을 들고 환영했고
마을 입구에서는 보수단체 회원 40여 명이
문 전 대통령을 비판하는 현수막과 태극기 등을 들고
사저 쪽으로 진입하다가 경찰의 제지를 받기도 했다

후안무치

거대 야당 더불어민주당은
윤석열 대통령 취임사에 통합과 소통이
한 번도 언급되지 않았다며 맹비난중이다
머릿수를 앞세워 민의를 짓밟더니
이제야 통합을 말하는 건
자가당착이자 후안무치(厚顔無恥)다
'통합' '공존' '모두의 대통령'을 강조한
문재인 전 대통령이야말로
갈라치기 정치의 화신이었다고
한국경제신문 백광엽 칼럼은 말하고 있다

민주당 성추문 악몽

더불어민주당이 5월 12일 또 다시
성비위 의혹에 휩싸였다
이번엔 당 정책위의장을 지낸 3선의
박완주 의원(충남 천안을)이다
민주당은 비상대책위원회는 박 의원에
대한 제명안을 의결했다
피해자는 의원실 직원 A씨다
박 의원은 2019년 박원순 서울시장 재직 당시
서울시 정무부시장을 지냈다
성비위(性非違)?
강간→성폭력→미투→성비위로 발전했다
좀 더 발전하며 성유희(性遊戲)로 발전하지 않을까?
안희정 · 오거돈 · 박원순 · 박완주까지…
6 · 1지방선거 후보 등록 첫날부터
성추문이 잇따라 터지면서
민주당은 초비상이 걸렸다

文 사저 밤샘 시위

문재인 전 대통령 사저 주변서
보수단체 밤샘 시위…
주민들 “잠 좀 자자”
문 전 대통령 사저가 있는 양산시 하북면 평산마을에서
보수단체가 국민교육헌장을 틀며
24시간 밤샘 집회를 하고 있어
주민들이 불편을 호소하고 있다
평산마을 측은 주민 서명을 받아
“야간집회를 중단시켜 달라”는 진정서와
탄원서를 5월 12일 경찰에 제출했지만
경찰은 “집회를 막을 마땅한 법이 없다”는 입장이다

확성기 - 욕설

문재인 전 대통령 퇴임 후 첫 주말인
5월 14 - 15일 경남 양산시 평산마을 앞 도로는
지지자들과 시위대가 뒤섞여
혼잡한 모습이 이어졌다
'자연인 문재인'을 응원하러 부산에서 왔다는 김모(48)는
"문 전 대통령 모습을 볼 수 있을까 싶어 왔다"며
"이곳에서 편안하게 보내시면 좋겠다"고 말했다
반면 코로나19백신피해자가족협의회(코백회)는
사저 앞에서 100여 명이 모여
문 전 대통령에게 사과를 요구하는 집회를 열었다
코백회는 문재인 정부가 권고한 코로나19 백신 접종으로
가족을 잃거나 사지 마비 등의
부작용 피해를 입었다고 호소해왔다
코백회는 사저 건너편 도로에서
"백신피해 정부책임" 등의 구호를 외치고
문 전 대통령 사진에 계란을 던지는 퍼포먼스를 했다
집회 및 행진 과정에서 평산마을 주민과 지지자들이
'시끄럽다'고 항의하면서 몸싸움이 벌어지기도
이들은 "문 전 대통령이 퇴임하며
'완전히 해방됐다 잊혀지고 싶다'고
소감을 밝힌 것에 분노가 치민다"며

"정부 탓에 숨진 가족은 어떻게 할 것인가
최소한 사저 밖으로 나와
사과라도 해야 하는 것 아니냐"고 목소리를 높였다
보수단체 회원들도 사저 앞 도로에서
문 전 대통령을 비난하는 시위를 진행했다
문 전 대통령은 15일 오후 자신의 페이스북에
"확성기 소음과 욕설이 함께하는 반지성이
작은 시골마을 일요일의 평온과 자유를 깨고 있다
평산마을 주민 여러분 미안합니다"라며
불편한 심기를 드러냈다

한국혁명의 빛

2022년 5월 16일 경향신문 오피니언
홍기빈의 두 번째 의견에 나오는 글이다
1960년 4월 19일의 혁명은
무능 · 부패 · 독재로 일관한
시대착오적인 이승만 정권을 거부했던
전 국민적 합의였다
하지만 그 '혁명정신의 계승자'를 자칭하며 등장한
민주당 장면 정권은
이러한 거사를 일으켰던 국민에게 큰 실망을 안겼다
민생 · 경제를 최우선 과제로 삼겠다고 약속하고
장기적인 대규모 경제계획을 준비하여 발표했지만
이를 실행할 만한 집행력은커녕
현상악화조차 막지 못하는 무능력으로 일관했다
결국 많은 국민들이 보기에는
당시 상황이라는 것이
자유당이라는 '구마적'이 물러난 자리를
민주당이라는 '신마적'이 차지한
선수교체로밖에 보이지 않았다
무능과 부패와 '혁명정신을 내세운 정상배'들의
아수라장에 국민들은 신물을 내기 시작했고
다음 해 5월 16일

박정희 소장 등 일부 군인집단이 움직인다
당시 미국 정보기관의 자료를 보면 이에 대한 국민여론은
반대와 찬성 양쪽 모두 10명 중 4명꼴로 팽팽했다
누가 보아도 난데없이 뛰어든 정치군인들의
쿠데타가 분명했고
함석헌처럼 초기부터 반대를 표명한 이들도 있었지만
당시의 혼란을 피하기 위해서는
어쩔 수 없는 선택이라고 생각한 이들도 많았던 것이다
군인들은 훈련과 조직을 갖춘 집단으로서
번지르르한 말만 앞세우는 정치인들과 달리
최소한 무언가 확실한 결과를 낼 수 있는
유능함을 갖춘 세력이 아니겠냐는 생각이었다
이들이 최악의 혼란상태에 대해
일정한 질서를 회복해주고 물러선 뒤
그 기반 위에서 다시 정상적인 민주정치를
재건하는 수밖에 없지 않겠는가
훗날 박정희 정권에 목숨을 걸고 저항했던 장준하와
그가 이끌어었던 '사상계' 또한 권두언과 사설에서
군사쿠데타를 '혁명'으로 인정하고 지지했던 것이
이러한 맥락이었다
이후의 사태는 우리 모두 잘 알고 있다
박정희 군사세력은 급속한 산업화와 경제발전이라는
시대적 과제뿐만 아니라
쿠바 미사일 위기와 베트남 전쟁으로 급변하는

국제질서를 배경으로 장기집권과
독재 정권 수립에 성공한다
이후 몇십 년의 긴 한국정치와 사회경제 시스템을
결정하는 틀이 여기서 만들어졌다
2016년의 탄핵사태 또한
무능과 부패와 시대착오적 작태를 보였던
박근혜 정권에 대한 국민적 심판이었다
하지만 '촛불혁명의 계승자'를 내걸고 집권한
문재인 정권 또한 커다란 실망을 안겼다
경제와 민생을 최우선 과제로 내걸었지만
혼란만 계속되었을 뿐
부동산 폭등 사태까지 낳으면서도
잘될 것이라는 자기들의 잘못이 아니라는
책임회피만 내놓을 뿐이었다
적폐청산을 내걸었지만
대체 무슨 성과가 있었는지 체감이 없었다
되레 벌어진 일은 대대적인 '내로남불'과
권력을 향한 '거대한 줄서기'였다
새로운 집권 세력은
온갖 진보와 도덕의 미사여구를 휘둘러댔지만
그 실제의 행동은 다른 지배세력과
아무런 차별성이 없음을 보여주는 사건이 줄을 이었다
하지만 지방선거와 총선에서 싹쓸이하다시피 하면서
자리와 이권에 있어서 엄청나게 세를 불리게 되었고

이에 기존의 정치낭인들은 물론
‘시민사회’ 세력 전체가 그와 유착하여
한 덩어리가 되는 일이 벌어졌다
이러한 무능과 모순적 언행과
‘거대한 줄서기’의 과정을 보면서
사람들 사이에는 이것이 예전의 지배세력이
새로운 지배세력으로 교체되는 사태일 뿐
세상은 똑같거나 오히려 더 나빠졌다는
좌절과 분노가 일어나게 되었다고 했다
이상의 글은 사회일각의 반성에 불과하나
1961년 5월 16일 한국혁명의 빛이
고요한 아침 여명(黎明)으로 다가와
한국혁명(韓國革命)으로 대전환하는
과정일 수도 있다는 생각을 해본다
한국대혁명으로… 전이되는
시작일 수도 있다는 생각 말이다

평산마을의 고통

대통령직 퇴임 후 경남 양산으로 귀향한
문재인 대통령이 5월 30일
일부 보수 유튜버 등의 집회로 인해
주민들이 고통을 받고 있다며
민 · 형사상 책임을 묻는 조치를 검토하고 있다
문재인 대통령 비서실은 "평온했던 마을이
고성과 욕설이 난무하는 현장이 됐다
문 대통령이 퇴임하고 평산마을에 내려온 이후
반복되는 일상"이라며
"마을 어르신들은 매일같이 확성기 소음과
원색적인 욕설에 시달리며
말할 수 없는 고통을 받고 있다"
"주민들의 일상이 파괴되는 것은 물론
건강한 삶마저 위협받는
그야말로 생존의 문제가 돼
더는 좌시할 수 없는 상황"이라고…

용산 대통령실

윤석열 20대 대통령

윤석열 제20대 대통령은 2022년 5월 10일
“자유민주주의와 사장경제 체제를 기반으로
국민이 진정한 주인인 나라로 재건하겠다”고 밝혔다
윤 대통령은 국회에서 열린 취임식에서
“자유 · 인권 · 공정 · 연대의 가치를 기반으로
국민이 진정한 주인인 나라
국제사회에서 책임을 다하고
존경받는 나라를 반드시 만들어나가겠다”며
이같이 말했다
윤 대통령은 취임사에서
한국 사회의 여러 난제를 풀기 위해
“자유의 가치를 정확하게 인식하고
재발견해야 한다”고 강조했다
그러면서 “인류역사를 돌이켜보면
자유로운 정치적 권리
자유로운 시장이 숨쉬고 있던 곳은
언제나 번영과 풍요가 꽃피었다”며
“번영과 풍요 경제적 성장은 바로
자유의 확대”라고 덧붙였다
윤석열 정부의 핵심 국정 키워드인 ‘자유’는
취임사에서 가장 많은 35회나 언급됐다

분배보다 성장을 우선하겠다는 입장도 분명히 했으며
국내 최우선 과제로 '지나친 양극화와 갈등'을 지목한 뒤
"도약과 빠른 성장을 이루지 않고는
이 문제를 해결하기 어렵다고 생각한다"고 말했다
이어 "빠른 성장 과정에서 많은 국민들이
새로운 기회를 찾을 수 있고
양극화와 갈등의 근원을 제거할 수 있다"며
"도약과 빠른 성장은 오로지 과학과 기술 그리고
혁신에 의해서만 이뤄낼 수 있다"고 덧붙였다
정치에 대해선 "제 기능을 못하고 있다"
"각자가 보고 싶은 사실만을 선택하거나
다수의 힘으로 상대의 의견을 억압하는 '반지성주의'가
민주주의를 위기에 빠뜨리고 있다"고 진단했다
북한과 관련해선 "핵 개발에 대해서도
평화적 해결을 위해 대화의 문을 열어놓겠다"며
"북한이 핵 개발을 중단하고
실질적인 비핵화로 전환한다면
북한 경제와 주민 삶을 획기적으로 개선할 수 있는
담대한 계획을 준비하겠다"고 밝혔다
취임식엔 국내외 귀빈과 각계 대표 일반 국민 등
41,000명이 참석하였다
윤 대통령은 취임식 후
용산 대통령집무실로 이동해 업무를 시작했다
청와대는 취임식 행사에 맞춰 일반에 전면 공개되었다

김건희 여사의 등장

윤석열 대통령의 부인 김건희 여사가
10일 대통령 취임식에 참석하며
공식 활동을 시작했다
김 여사는 이날 오전
윤 대통령과 서울 서초구 자택에서 나와
주민 · 지지자들에게 인사를 건네며
공개석상에 나섰다
국립서울현충원 참배를 위해
검은색 옷을 입고 모습을 드러낸 김 여사는
윤 대대통령이 주민들에게 주먹인사를 하는 동안
두세 발짝 뒤에서 윤 대통령을 지켜보다가
주민들에게 몇 차례 목례를 했다
이후 김 여사는 윤 대통령의 국립현충원
참배 취임식 일정에 동행했다
김 여사는 윤 대통령이 취임식 장소인 국회에 도착해
정문부터 무대까지 이동하는 동안
뒤따라가며 시민들에게 인사했다
김 여사는 흰색 원피스를 입었다
김 여사가 시민들로부터 떨어져 있자
윤 대통령이 같이 인사하자고 손짓하기도
무대에 올라서는 윤 대통령과 함께

문재인 전 대통령 내외와 박근혜 전 대통령 등
내외귀빈에게 인사했다
김 여사가 이날 처음 공식 석상에 모습을 드러냈지만
이후 한동안 공개 활동을 자제할 것으로 보인다
김 여사가 대표를 맡고 있는
해외미술품전시 기획사 코바나컨텐츠도
휴업 혹은 폐업할 것으로 알려졌다

용산시대 개막

윤석열 대통령이 10일 취임하면서
'용산시대'가 개막됐다
윤 대통령은 제왕적 대통령제 극복을 강조하면서
서울 용산 국방부 청사로 대통령 집무실을 옮겼다
윤 대통령은 이날 국회에서 취임식을 마치고
용산집무실로 이동했다
윤 대통령은 국방부 청사 2층에 집무실
5층에 보조집무실을 뒀다
당초 5층 집무실은 2층 공사가 마무리될 때까지
임시로 사용할 계획이었지만
다음달 2층 집무실이 완공된 후에도
계속 사용하기로 했다
각 집무실 옆에 접견실과 회의실 · 부속실 등을 설치했다
윤 대통령은 취임식 후 5층 접견실에서
각국 외교사절들과 만났다
오는 21일 조 바이든 미국 대통령과의 정상회담도
이곳에서 열 계획이다

청와대 개방

"오래 살고 볼 일이네요 청와대를 다 와보고…"
2022년 5월 10일 윤석열 정부 출범과 함께
대한민국 수립 이후 처음 청와대가 전면 개방돼
국민 품으로 돌아왔다
권위주의 시절은 물론 민주화 이후에도
권력의 정점을 상징하며 74년 동안
일반인들에게 굳게 닫혀있던 청와대 정문은
이날 오전 11시 37분 국민을 향해 활짝 열렸다
이날 총 22,354명이 관람했다

한덕수 동의안 1호결제

윤석열 대통령은 2022년 5월 10일 취임 직후
용산 대통령 집무실에서 '1호 안건'으로
한덕수 총리 후보자 임명동의안을 결재
국회에 제출했다
한 후보자에 대해 '부적격' 판정을 내린
더불어민주당을 향해 총리 인준을 압박하고 나선 것
그러나 민주당은 "초대 총리라고
무조건 통과시켜 줄 수 없다"며
반대 입장을 고수하고 있어 정부 출범 첫날부터
긴장감이 한층 고조되는 분위기다
윤석열 정부가 '거대 야당'과의 갈등 속
'반쪽 출범'이 불가피한 상황을 맞으면서
협치의 시험대에 올랐다는 평이 나온다
윤 대통령은 이날
추경호 경제부총리 겸 기획재정부 장관
이종호 과학기술정보통신부 장관
이종섭 국방부 장관
한화진 환경부 장관
이정식 고용노동부 장관
정황근 농림축산식품부 장관
조승환 해양수산부 장관 등
국회에서인사청문 경과보고서가 채택된
7개 부처 장관을 임명했다

민주당 헛발검증

윤석열 정부의 '실질적 2인자'로 꼽히는
한동훈 법무부 장관 후보자의 국회 인사청문회가
이틀에 걸친 회의 끝에 5월 10일 끝났다
여당에서 야당이 된 더불어민주당은
'송곳검증'을 예고했지만 청문회에서 실수를 연발해
'헛발 검증'이 됐다는 평가가 나온다
최강욱 의원은 한 후보자의 딸 명의의
노트북 기증 주장을 펼치기 위해
기증자가 '한…'이라고 나온다
한국쓰리엠(주)라는 명칭을 한 후보자의
딸 명칭으로 오해했다
김남국 의원은 한 후보자의 딸의 논문 공저자를
"이모와 함께 썼다"는 추궁으로
한 후보자를 어리둥절케 했다
'이모(李某) 교수'를 이모(姨母)로 해석해 생긴 일이다
"박홍근(원내대표)도 한숨만 푹푹…"이라고 했다

각국 외교사절 면담

윤석열 대통령이 2022년 5월 10일
용산 집무실에서 취임식에 참석한
경축 사절단을 연쇄적으로 만났다
사실상의 외교무대 데뷔전인 이날 접견을 통해
윤 대통령은 한·미동맹을 핵심에 두면서도
중국과의 실용외교 일본과의 관계 회복에 방점을 찍은
'윤석열식 국익 외교노선'을 보여줬다는 해석이 나온다
미국 축하사절단 대표인 '세컨드 젠틀맨'
더글러스 엠호프 변호사를 접견했다
엠호프 변호사는 카멀라 해리스 미국 부통령의 남편이다
윤 대통령은 이어 하야시 요시마사 일본 외무상을 만나
한일관계 정상화에 대한 의지를 밝혔고
UAE의 경축사절단인
칼둔 무바라크 아부다비 행정장관을 만난 뒤
왕치산 중국 부주석을 접견했다
왕 부주석은 "시진핑 주석은
윤 대통령이 편리한 시기에
중국을 방문하는 것을 환영한다"고 전했다

김건희 여사 흑백패션

영 · 미권 '여성참정권' 상징색 패션
현충원 참배 땐 검은색 투피스 입어
보석류 안 걸쳐 '절제된 출발' 평가
측근 "조용한 내조 약속 지킬 것"
김 여사의 '흑백패션'과
문재인 · 박근혜 전 대통령에게 깍듯한 인사 등으로
눈길을 끌었다
김건희 여사는 취임식이 끝나고
문재인 전 대통령의 부인 김정숙 여사에게 다가가
악수를 하고 허리를 90도로 숙여 인사했다
김 여사는 계단을 내려갈 때
박근혜 전 대통령에게 가볍게 팔짱을 끼기도 했다

취임식 경제계 총출동

"규제 개혁으로 경제에 활력…
기업하기 좋은 환경 만들어 달라"
"정치권의 기업인에 대한 인식이 달라지기까지
14년이 걸렸습니다"
10일 윤석열 대통령 취임식에 참석한
경제계 인사가 털어놓은 소회다
이날 취임식에는
이재용 삼성전자 부회장
최태원 SK그룹 회장-대한상의 회장
정의선 현대자동차그룹 회장
구광모 LG그룹 회장
신동빈 롯데그룹 회장 등 5대 그룹 총수
허창수 전국경제인연합회 회장
구자열 한국무역협회 회장
김기문 중소기업중앙회 회장
손경식 한국경영자총회 회장
최진식 중견기업연합회 회장 등
6개 경제단체장이 모두 참석해
새정부 출범을 축하했다
5대그룹 총수와 6개 경제단체장이
대통령 취임식에 다 함께 참석한 것은

2008년 17대 이명박 대통령 취임식 이후 처음이다
2013년 박근혜 대통령 취임식 때는
검찰 수사와 구속 등으로 일부 기업인만 참석했다
윤석열 정부에 기업하기 좋은 환경 조성과
기업인에 대한 인식 변화를 기대하는
목소리가 커지는 배경이다
5대그룹 총수와 경제단체장들은
이날 저녁 신라호텔에서 열린 취임만찬에도 참석했다
재계 총수들이 만찬에 초청받은 사례는 매우 드물다
정용진 신세계그룹 부회장은 자신의 SNS에
취임식장 하늘에 무지개가 뜬 사진을 올리며
'자유! 자유! 자유! 무지개!!'라고 썼다

첫출근하는 대통령

윤석열 대통령이 2022년 5월 11일
서울 서초구 서초동 자택에서
용산 대통령실로 향하는 출근길에
부인 김건희 여사와 각각 반려견 한 마리씩을
데리고 나온 사진이 보도되었다

"어제 취임사에 통합(統合) 이야기가
빠졌다고 지적하는 분들이 있는데
너무 당연한 것이기 때문에…"
윤 대통령은 용산 대통령실에 도착한 뒤
기자들을 만나 이같이 말했다
첫 출근 소감에 관한 질문을 받고는
취임사에 '통합'이라는 단어가 한 차례도
오르지 않았다는 지적을 먼저 언급한 것이다
윤 대통령은 "정치과정 자체가 국민통합의 과정이다
나는 통합을 어떤 가치를 지향하면서
할 것이냐를 이야기한 것"이라고 설명했다
윤석열 대통령이 출근길에 기자들과
질의응답을 나눈 것은 이례적인 일이다
역대 대통령은 청와대 관저에서 거주해
집무실을 오가는 출퇴근길이 외부에

노출되지 않았기 때문이다
이날 출근길 일문일답은 언론과의 소통을 강조하겠다는
윤 대통령의 의지가 반영된 것으로 알려졌다

윤석열 대통령이 주재하는 대통령실
수석비서관회의가 11일 오전
용산 청사 대회의실에서 열렸다
윤 대통령은 자리에 앉으며
"저하고 같이하는 회의는
프리스타일로 편하게 하십시다"고 운을 뗐다
이어 "각자 복장도 자유롭게 하고
나도 회의를 하면서 논의할 현안을 몇 개 들고 오겠지만
(참석하는 수석비서관도) 시의
적절한 현안이 있다고 하면 주제도 던지고"라고 했다
'대통령 일방지시 - 참모진 받아쓰기'와
거리를 둘 것임을 시사했다

靑서 즐기는 주말

청와대 개방 후 첫 휴일인 5월 15일
춘추관 앞 헬기장에서 시민들이
군악대 공연을 관람하고 있다
청와대는 오는 22일까지 경내에서
퓨전음악 · 풍물놀이 · 전통퍼레이드 등
개방기념행사를 연다

윤석열 대통령과 부인 김건희 여사가
지난 14일 서울 남산 한옥마을을 산책
취임 후 첫 주말을 맞아 윤 대통령 부부는
자택 근처 백화점에 들러 신발을 사고
광장시장에서 빈대떡 등을 포장한 뒤
한옥마을을 찾았다

용산은 교통지옥

"용산은 교통지옥"…
대통령실 인근 집회에 시민들 부글부글
"우리는 용산에서 싸우고 노래 부르고
춤출 것입니다"
윤석열 대통령이 용산 국방부 청사로
집무실을 이전한 뒤 처음 맞는 주말인
14일 오후 3시 용산역 광장은
구호와 함성소리로 떠들썩했다
'성소수자차별반대무지개행동' 회원 500여 명은
'국제 성소수자혐오반대의날'(5월 17일) 기념집회를 열고
"차별금지법을 제정하라"
"수술 없이 성별 정정 보장하라" 등 구호를 외쳤다
대통령실 앞에서 첫 행진집회가 열리면서
용산역 일대는 극심한 교통 정체로 몸살을 앓았고
한 시민은 행진대열을 막아서곤
"차가 막히니 지금 당장 집회를 중단하라'고 요구했다

靑개방 특수

청와대 개방 특수-삼청동 활기
사드-코로나 여파로 침체됐던 상권
카페 고객 2배
편의점 매출 30% 상승
이건희 기증관 건립 등이 맞물리며
부동산 "물건 없어 소개 못 할 정도"
대통령 집무실 옮긴 국방부 일대도
용산공원 개방 등에 임대문의 늘어
"이렇게 활기를 찾은 삼청동 거리는
정말 오랜만이네요"
"5월 10일 청와대 개방 이후에 지하철
3호선 경복궁역 · 안국역에서 내리는 사람이
눈에 띄게 늘었다"며 이같이 말했다

北코로나 약이 없다

김정은 "군대 투입하라"

코로나 방역 특별명령 일일 40만 명에 육박하면서

의약품 부족 현상이 심각하다

북한은 1990년대 '고난의 행군'으로

무상의료체계가 사실상 무너졌다

특히 국제사회의 대북제재 여파로

의약품 수입 역시 여의치 않다

코로나19 확진자 급증에도

"기침이 나면 꿀을 먹어라"

"금은화나 버드나무 잎을 달여 먹어라"는 등

민간요법 소개에 집중하는 것 역시

열악한 의약품 실태를 보여주고 있다

통일부 장관 권영세 명의로

남북공동연락사무소를 통해 북한에

코로나19 방역협력과 관련

실무접촉 제안을 제안했으나

북측이 접수 의사를 밝히지 않고 있다

윤 대통령 국회 시정연설

윤석열 대통령이 5월 16일 국회 본회의에서
코로나19 손실보상 재원을 담은 추경안 관련
시정연설에 나서 국회협조를 요청했다
취임 엿새 만에 열린 첫 시정연설에서
위기 극복을 위한 의회의 중요성을 강조하면서
초당적 협력을 강조했다
연금 · 노동 · 교육 개혁 필요성과
북한 코로나19 의약품 지원 의지도 재차 밝혔다
윤 대통령이 정치적 화두로 삼은 '자유민주주의'를 들어
"진정한 민주주의는
바로 의회주의라는 신념을 가지고 있다"며
의회주의를 거듭 말했다
연설 도중 야유 · 고성 없이 18차례의 박수가 나왔고
시정연설이 끝나고 윤 대통령은
여야 의원들과 악수를 나눴으며
야당도 윤 대통령을 박수로 맞이했다

한동훈 임명 강행

윤석열 대통령이 5월 17일
한동훈 법무부 장관후보자와
김현숙 여성가족부 장관후보자에 대한 임명을 강행했다
전체 18개부처 중 교육부 · 보건복지부를 제외한
16곳의 자리가 채워진 것이다
국회는 20일 한덕수 국무총리 후보자
인준안 표결을 위한 본회의를 열기로 했다
윤석열 정부의 첫 총리 후보자의 운명도
곧 결정될 것으로 전망된다
더불어민주당이 한 장관 임명에 맞서
'한덕수 총리 후보자 인준안 부결' 카드를 꺼낼
가능성이 커지면서 정국이 중대 분수령을 맞고 있다

여당 5 · 18기념식 참석

대통령실은 5월 18일 열리는
제42회 5 · 18민주화운동 기념식에
윤석열 대통령 · 국민의힘 의원 · 국무위원 ·
대통령 참모진이 대거 참석한다고 밝혔다
윤 대통령과 의원들은 18일 오전 7시 30분
서울역에서 KTX 특별열차를 타고 광주로 행한다

병아리떼 뿅뿅뿅

암탉 꽁무니에 병아리떼 따라가듯
윤석열 정부 수장들이 광주 5·18묘지로
쪼르르 따라간다
가지 말라는 말이 아니다
냉수를 마셔도 선후가 있다
5·16혁명이 먼저다
그거지… 한국혁명!

윤 대통령 5 · 18기념사

윤석열 대통령은 5월 18일
제42주년 5 · 18민주화운동기념식에서
"자유민주주의를 피로써 지켜낸 오월의 정신은
바로 국민통합의 주춧돌"이라며
"저는 오월 정신을 확고히 지켜나갈 것"이라고 말했다
윤 대통령은 기념사를 통해
"오월 정신은 보편적 가치의 회복이고
자유민주주의 헌법정신 그 자체"라며
"그 정신은 우리 모두의 것이고
대한민국의 가장 귀중한 자산"이라고 말했다
윤 대통령은 기념사 말미에
"대한민국 국민 모두는 광주시민"이라는 발언도
즉석에서 덧붙였다
이날 기념사는 5 · 18민주화운동을 더 이상
특정 진영이나 지역의 전유물로 여겨선 안 되고
자유민주주의와 인권이라는
'오월의 정신'의 보편적 가치를 통해
국민 통합의 출발점으로 삼아야 한다는 점을
강조한 것으로 풀이된다

임을 위한 행진곡 제창

윤 대통령-장관-여야 의원 광주 집결
KTX 특별열차로 대규모 참여
'임을 위한 행진곡' 제창
윤 대통령은 이날
보수 정부 대통령 중 처음으로
국립5 · 18민주묘지의 정문인
'민주의 문'으로 입장했다
그리고 5 · 18정신을 국민통합을 위한
핵심 가치로 부각하면서
취임 후 가장 선명한 통합 메시지를 내놨다는 평가다

삼성전자 평택공장

“도대체 저게 뭐야!(What the hell is that)’
2017년 7월 평택 주한미군기지에서
헬기를 타고 용산으로 이동하던
도널드 트럼프 미국 대통령이 아래를 내려다보다가
깜짝 놀라 물었다
동승한 미국정부 관계자가
”삼성전자 반도체 생산시설”이라고 답하자
트럼프는 “내가 여태까지 본 건물 중 가장 크다
저걸 미국에 지었어야 했는데”라며 크게 아쉬워했다
2박3일 일정으로 방한하는 조 바이든 미국 대통령이
첫날인 5월 20일 삼성전자 평택 반도체공장을
찾기로 하면서 이 공장이 다시 주목받고 있다
삼성전자 평택공장은 단일 규모로는
세계적 최대 반도체 생산시설이다
전체 부지면적이 축구장 400개 크기다
여의도 면적과 맞먹는다

한덕수 총리 인준 갈등

"발목잡기" 의식 민주당의 기류
문희상 "인준을"
박주민 "더 살펴야"
초선의원 "반대하자니 지방선거가 걸리고
찬성하자니 명분이 없고"
윤 대통령 "부결시키면 야당 손해"
5월 20일로 예정된 한덕수 국무총리 인준안 표결의
키를 쥔 더불어민주당의 속내가 복잡하다
여러 목소리가 분출되자 민주당 원내 지도부는
18일 전체 의원들을 대상으로 의견 수렴에 돌입했다
지도부의 한 의원은 "총리 인준 찬성 분위기가
조금씩 형성되던 차에 한동훈 법무부 장관 임명 강행이
정서적으로 영향을 미쳤다"고 말했다

산업부 블랙리스트 수사

문재인 정부에서의
'산업부 블랙리스트 의혹'을 수사 중인
서울동부지검 기업 · 노동범죄전담부가
19일 산업부 산하 6곳을 압수수색했다
검찰의 이번 강제수사는
백운규 전 산업부 장관의 연루 의혹과
관련된 것이어서 정치권의 관심이 쏠리고 있다
한동훈 취임 이틀 만에 압수수색…
윗선까지 뻗나…?
압수수색 대상은
에너지기술평가원 · 한국석유관리원 · 대한석탄공사 등
산업부 산하기관과
백운규 전 장관의 사무실 · 주거지였다

돌아온 윤석열 사단

반윤에서 친윤으로… 검사들 다시 '공수교대'
야당 '정치검찰 인사' 지적에 한동훈 장관
"지난 3년 가장 심해"
한동훈 법무부 장관이 단행한
고위급 검찰 인사에서 특히 주목되는 것은
전 정권 인사와 관련한 사건을 들고 있는
주요 검찰청에 '윤석열사단' 검사가
대거 지휘부로 배치된 점이다
전국 최대 검찰청인 서울중앙지검장으로 영전한
송경호 수원고검 검사(52)는
조국 전 법무부 장관 일가 비리의혹을 수사한 뒤
한직을 전전하다가 최고 요직에 화려하게 복귀했다
검찰개혁을 외치던 문재인 정권은
검찰출신 대통령을 탄생시켰으니
마치 바위를 빼내려다가
바위에 깔린 꼴이 되고 말았다

바이든 미 대통령 방한

바이든 미국 대통이
5월 20일 오후 5시 22분 전용기인 '에어포스원'으로
경기 평택시 오산 공군기지에 도착한 직후
삼성전자 평택공장을 방문했다
윤석열 대통령은 바이든 대통령을
이곳에서 맞은 뒤 생산라인을 시찰했다
이재용 삼성전자 부회장이 두 정상을 수행했다
윤 대통령은 환영 연설에서
"바이든 대통령의 평택 캠퍼스 방문은
반도체가 갖는 경제 · 안보적 의미는 물론
반도체를 통한 '글로벌 포괄적 전략 동맹'의 의미를
되새길 수 있는 좋은 기회"라고 말했다
윤 대통령은 또 1974년 한미합작으로 설립된
한국반도체 등 양국의 오랜 반도체협력을 언급한 뒤
"한미관계가 첨단기술과 공급망 협력에 기반한
경제 안보 동맹으로 거듭나기를 희망한다"고 밝혔다
바이든 대통령도 연설에서
"공급망이 확보돼야 경제적 안보가
우리와 가치를 공유하지 않는 국가에 의해
좌우되지 않을 수 있다"며
"한국처럼 우리와 가치를 공유하는 국가들과 협력해

공급망 회복력을 강화하는 게 중요하다"고 말했다
바이든 대통령은 이어
"이번 아시아 첫 순방에서 한국을 방문하게 됐는데
세계 미래의 많은 부분이 향후 수십 년간
이곳 인도 · 태평양 지역에서 써질 것"이라며
"역동적인 민주국가인 한국은
이제 글로벌 혁신의 동력이 됐다"고 말했다
바이든 대통령은 그러면서
"방한 기간 윤 대통령과 많은 논의를 하게 될 것이라며
수년에 걸쳐 두고두고 논의할 것"이라며
"한미동맹은 역내 및 세계 평화와
안전 · 번영의 중심 축"이라고 강조했다

한덕수 총리 국회인준

5월 20일 한덕수 국무총리 후보자에 대한
임명동의안이 국회 본회의를 통과했다
윤석열 대통령이 한덕수 후보자를 지명한지
47일 만이다
국회는 오후 6시 본회의를 열고
윤석열 대통령과 바이든 미국 대통령이
삼성전자 평택공장을 시찰하는 시각에
재석 250명 중 찬성 208명 반대 36명 기권
6명으로 처리했다
더불어민주당은 3시간 격론 끝에
6·1지방선거에 대한 부담감을 느끼고
반대론이 찬성으로 돌아섰다고…

한미 첫 정상회담

윤석열 대통령과 조 바이든 미국 대통령은
5월 21일 정상회담에서
양국의 경제 · 에너지 안보를 위한
전략적 협력을 약속했다
두 정상의 공동성명에는 한미 동맹을
군사 동맹과 경제 동맹에 더해 기술 동맹까지 포함시키는
다양한 '액션플랜-실행계획'이 담겨있다
여기에는 대중(對中) 견제 성격을 띠는
내용도 적지 않다
그리고 '정상회담 공동성명'에
북한 핵 · 미사일 위협에 대응해
미국이 한국에 제공하는 확장억제 수단 중 하나로
'핵'을 명시했다
'핵에는 핵'이라는 방식이 한미정상 공동성명에
포함된 것은 이번이 처음이다
7차 핵실험을 준비하는 북한에 보내는
강력한 경고 메시지다
바이든 대통령은 22일 방한 일정을 마치고
일본으로 출국했다

같이 갑시다

"We go together."
조 바이든 미국 대통령은 5월 21일
한 · 미정상회담 공식 만찬사를 이 문구로 끝냈다
'같이 갑시다'란 뜻의 이 말은
한국전쟁에서 함께 피 흘린 동맹이자
그에 기반한 한 · 미동맹을 상징한다
"세계 시민의 자유와 인권
국제사회의 평화와 번영을 위해 굳게 손잡고
함께 걸어갈 것입니다"
바이든 대통령에 앞서 연단에서
윤석열 대통령은 이 말로 만찬사를 마쳤다
같은 시각 같은 장소에서 양 정상이
"같이 가자"고 한 이 장면은 2박3일의
바이든 대통령 방한 기간에 기존의 판을
확 바꾸고 키운 한 · 미동맹과 양국관계를 상징한다
정부 고위 당국자는 "양국 관계 나아가
동북아 질서의 패러다임을 바꾸는
계기가 된 정상회담"이라고 했다

김건희 여사 깜짝인사

조 바이든 미국 대통령은 5월 21일
서울 용산구 국립중앙박물관에서 열린
공식 만찬에 입장하기 전
윤석열 대통령의 부인 김건희 여사를 만나
깜짝 인사를 나눴다
바이든 대통령 부인 질 바이든 여사가
이번 아시아 순방에 동행하지 않으면서
상호주의 원칙에 따라 김 여사도
윤 대통령의 일정에 같이 하지 않되
바이든 대통령에 대한 예우를 나타낸 것이다
바이든 대통령은 이 자리에서
"윤 대통령과 저는 공통점이 있다
멋진 여성과 결혼한 남자들이란 사실"이라고
말한 것으로 전해졌다
만찬 자리에서도 윤 대통령에게
김 여사에 대해 "아름답다"고 말한 것으로 알려졌다
바이든 대통령은 김 여사가 전시(展示)기획자로 활동했고
미국 국립박물관 등에서 작품을 대여해
마트로스코전을 연 것을 알고 있었다고 한다
김 여사가 "조만간 다시 뵙게 되기를 기대한다"고 하자
바이든 대통령은 "미국에 오시면 뵙기를 바란다"고

화답한 것으로 알려졌다
윤 대통령과 김건희 여사는 22일 오후
청와대에서 열린 KBS 1TV '열린음학회'에 참석했다
윤 대통령은 "청와대 공간은 아주 잘 조성된 공원이고
문화재"라며 "무엇보다 국민 여러분의 것"이라고 했다
이 행사는 청와대 개방을 기념해 개최됐다

바이든과 이재용 · 정의선

바이든 대통령은 한국 도착 첫날인
5월 20일 경기도 평택에 있는
삼성전자 반도체 공장을 견학했다
삼성전자 임직원과 한미양국 기자들 앞에서
이재용 삼성전자 부회장을 향해
"삼성이 지난 5월 미국에
170억 달러(약 21조원)를 투자해
이 시설 같은 최첨단 칩을 제조하는 시설을 만들겠다고
발표한 데 대해 감사드린다"고 말했다
취임 후 처음 한국을 찾은 바이든 대통령은
20-22일 2박3일 짧은 일정 중에
기업 총수를 두 차례 만났다
핵심 일정이었던 한미 정상회담과
정상 만찬 못지않은 비중을 차지했다

조 바이든 대통령은 22일
서울 그랜드 하야트 호텔에서
정의선 현대자동차그룹 회장을 만난 뒤 생중계 연설에서
"체어맨 정, 미국을 선택해 줘서 감사합니다
우리는 당신을 실망시키지 않겠습니다"라고 연설했다
현대차 그룹이 미국 조지아주에

55억 달러(약 7조원)를 들여
전기차 전용 공장과 베터리 공장을 짓는 등
총 100억 달러(약 12조원) 규모의
대미 신규 투자를 발표한 데 대한 감사의 표현이었다
미국 대통령이 '세일즈 외교'를 전면에 내세운 모습이다
기업 방문
대기업 총수 두 명과 각각 회동은
역대 미국 대통령의 방한에서 흔치 않은 일이다

한미 정상은 22일 오후 오산기지 내 지하 벙커인
항공우주작전본부(KAOC) 작전조정실을 함께 찾아
작전준비태세 등을 보고 받았다
역대 대통령 가운데 공군 작전의 심장부인
KAOC를 공식 방문한 건 이번이 처음이다
바이든 대통령은 오산 공군기지 방문을 마지막으로
한국의 2박3일 일정을 마무리하고 일본으로 향했다

안정적 외교 데뷔

윤석열 대통령이 5월 22일
2박3일의 첫 외교무대를 마무리했다
취임 10일 만에 맞은 미국 정상과의
외교 시험대에서 실수 없이
무난한 데뷔전을 치렀다는 평가가 나온다
한미 정상 차원에서 동맹을
'글로벌 포괄적 전략동맹'으로 격상하는데 합의하고
대북 확장억제력을 구체화한 것은 성과다
다만 인도·태평양 지역으로 우리 외교
외연을 확대하는 과정에서
중국의 반발이 예상되는 만큼
이에 대한 상황 관리가 숙제로 남을 전망이다
또한 미국이 보유한 세계 최고의 원전기술과
한국의 시공능력이 결합할 경우
세계 시장에서 막강한 경쟁력을 갖출 것이라는 게
전문가들과 관련업계의 전망이다
특히 SMR(소형모듈원전) 분야의 협력을 통해
최대 600조원대로 추정되는 차세대 원전시장의
주도권을 가져올 것으로 기대된다
윤 대통령은 21일 정상회담 후
"신형 원자로 및 소형모듈원자로의 개발과

수출증진을 위해 양국 원전산업계가

함께 노력해 나가기로 했다"고 밝혔다

양국은

① 미국 주도 제3국 SMR 역량강화 프로그램 참여

② 한미 원전기술 이전 및 수출협력 관련

양해각서 체결을 통한 시장진출 등 협력강화

③ 제3국 원전시장 진출방안 구체화

④ 조속한 한미 원자력 고위급위원회 개최 등에

합의했다

윤 대통령의 '원전 최강국' 구상의 핵심축인

원전동맹이 구체화한 것이다

전 정권의 굴종외교

윤석열 대통령이 5월 23일
제7차 핵실험 등 북한의 도발 가능성에 대해
"북한의 어떠한 위험과 도발 행위에 대해서도
강력하고 단호하게 대처해
북한의 도발을 저지할 것"이라고 말했다
미국 CNN과의 인터뷰에서
"이번 정부의 대처는 이전 정부와 다를 것"이라며
이렇게 말했다
"일시적인 도발과 대결을 피하기 위해서
많은 사람들은 그걸 '굴종외교'라고 표현을 한다
저쪽의 심기 내지는 눈치를 보는 그런 정책은
아무 효과가 없고 실패했다는 것이
지난 5년간 증명됐다"고 못박았다

정호영 자진사퇴

정호영 보건복지부 장관 후보자가
5월 23일 자진사퇴했다
"윤석열 정부의 성공을 위하고
여야 협치를 위한 한 알의 밀알이 되고자
보건복지부 장관 후보직을 사퇴코자 한다"고 말했다
지명된 지 43일 만이다
윤석열 정부 1기 내각에서는
김인철 사회부총리 겸 교육부 장관 후보자에 이어
두 번째 자진사퇴다

IPEF 공식 출범

미국 주도의 지역 경제 협력체
'인도 · 태평양 경제 프레임워크(IPEF)가
5월 23일 공식 출범했다
중국이 주도한 RCEP와 일본 등이 참여한
CPTPP를 뛰어넘는 규모의 경제협력체가
탄생했다는 평가다
한국도 IPEF에 참여했다
과거 정부의 노선인 '안미경중(安美經中)'
즉 안보는 미국과 경제는 중국과 함께의
대전환이 시작됐다는 분석이다
조 바이든 미국 대통령과 기시다 후미오 일본 총리는
이날 일본 도쿄에서 미일 정상회담을 한 뒤
IPEF 공식 출범을 선언했다
윤석열 대통령은 용산 대통령실에서
화상으로 IPEF 고위급 회의에 참석했다
윤석열 대통령은 회의에서
"반도체 · 배터리 · 미래차 등
첨단 산업의 핵심 역량을 보유한 한국은
역내국과 호혜적 공급망을 구축할 것"이라며
"인공지능 · 데이터 · 6G 등 새로운 기술 혁신을 주도하고
디지털 인프라 구축과

지디털 격차 해소에 기여하겠다"고 강조했다

참여국은 미국 · 한국 · 일본 · 호주 · 뉴질랜드 · 태국 ·

싱가포르 · 말레시아 · 베트남 · 인도 · 인도네시아 ·

필리핀 · 브루나이 등 13개 국이다

중국은 한미 공조강화에

"패거리 만들며 분열을 조장하지 말라"며

연일 견제구를 날리고 있다

IPEF에 대해선 실질적 이득이 없다고

평가절하했다

노무현 13기 추도식

노무현 전 대통령 13주기 추도식이
23일 경남 김해시 봉하마을에서 열렸다
추도식에는 문재인 전 대통령 및 야권 지도부뿐 아니라
여권 인사들도 대거 참석했다
6 · 1지방선거를 앞두고 지지층 결집을 시도하는 야권과
통합을 화두로 보수진영의 지지기반을
중도까지 확장하려는 여권이 총출동했다는 관측이다
야권에서는 이재명 · 윤호중 · 박지현 · 박홍근 등
원내 지도부와 이해찬 · 이낙연 · 한명숙 · 문희상 등
야권 원로도 자리했다
여권인 국민의힘에서도 이준석 대표를 비롯해
권성동 원내대표 · 정미경 최고위원 등
당지도가 총집결했다
정부에서는 노무현 정부 국무총리를 지낸
한덕수 국무총리와 이상민 행안부 장관
김대기 대통령비서실장이 참석했다

손흥민 득점왕

손흥민(30 · 토트넘)이 세계 최고 레벨의 축구 무대인
잉글랜드 프리미어(EPL)에서
아시아 선수 최초로 득점왕에 올랐다
줄곧 득점 선두를 달리던 동갑내기 경쟁자
무함마드 살라흐(30 · 리버플)를
시즌 마지막 경기에서 극적으로 따라잡고
공동 득점왕을 차지했다
손흥민은 5월 23일 노리치시티와의
2021-2022시즌 EPL 최종 38라운드 경기에서
22, 23호 골을 터뜨리며 팀의 5:0승리를 이끌고
살라흐와 함께 공동 득점왕이 됐다
윤석열 대통령은 23일 손흥민에게 축전을 보내
"아시아 선수 최초 득점왕은 개인의 영예일 뿐 아니라
아시아 축구계 모두가 축하할 경사"라며
"특히 신종 코로나19로 어려운 시기를 겪었던
국민들에게 희망의 메시지"라고 전했다

관을 운구하는 김정은

김정은 북한 국무위원장이
5월 19일 사망한 현철해 인민군 원수 발인식에서
관을 직접 운구하며 극진한 예우를 표했다
김 위원장은 현철해 사망 당시
임종까지 지켰다고 노동신문이 전했다
22일 발인식에서 김위원장은
최룡해 · 조용원 · 김덕훈 · 박정천 · 리병철 등
정치국 상무위원 5명이
김 위원장과 함께 관을 들었다
북한 '최고 존엄'인 김 위원장이 직접 운구를 한 것은
매우 이례적이다
현철해는 김 위원장의 '후계수업 스승'으로
김정일 시대 군부 핵심 인사였다
정성장 세종연구소 북한연구센터장은
"현철해는 생모 고영희 개인숭배 작업에
깊게 관여한 인물"이라며
"충성심을 높이 사 김 위원장이
특별한 애도를 표한 것으로 본다"고 했다

신기업가정신 선언

사회적 문제 기업이 나서 해결한다
경제계 '신(新)기업가정신' 선언
삼성 · 현대차 등 76개 기업
'신기업가정신협의회' 출범
최태원 대한상공회의소 회장은
5월 24일 서울 남대문로 상의회관에서 열린
신기업가정신 선포식에서
"디지탈 전환 · 기후변화 · 인구절벽 등
국가적 위기를 해결하는데
기업이 새로운 역할을 하겠다"고 했다

친기업 윤석열 정부

'친기업' 윤석열 정부에 화답한 재계가
투자보따리 풀었다
투자액 대부분을 국내에 배정해
미래 먹거리가 될 신산업을 육성하고
일자리 창출에도 기여한다는 설명이다
반도체 · 전기자동차 등 미래 전력산업의
초격차 확보를 기치로 내건 윤석열 정부 산업정책에
경제계가 보조를 맞춘 것이란 분석이 나온다
삼성계열사들은 2026년까지 5년간
반도체 · 바이오 · 차세대통신 등에
450조원을 투자한다고 5월 24일 밝혔다
윤석열 대통령과 조 바이든 미국 대통령이
삼성전자 평택공장을 방문한 지
사흘 만에 나온 발표다
현대자동차 · 기아자동차 · 현대모비스 등
현대그룹 3개 계열사도 2025년까지
4년간 국내에 63조원을 투자하고
롯데 · 한화도 5년간
37조원 투자한다고 발표했다

윤 대통령 100인 선정

윤석열 대통령이
미국 시사주간지 타임이 선정한
2022년 세계에서 가장 영향력 있는 인물 100인에
뽑혔다고 대통령실이 23일 밝혔다
타임은 지도자·개척지·예술가·혁신가·아이콘·거장의
6개 부문에서 총 100명을 선정했다
타임은 북한의 핵실험 재개 준비로
한반도 긴장이 높아지는 상황에서
"외교 경험이 거의 없는 전직 검사인 윤석열 대통령은
그 도전 과제를 떠맡기로 결심했다"고 소개했다
타임은 대선 과정에서 윤 대통령이
보수 정당인 국민의힘 후보로서
전임자에 비해 강경한 대북 스탠스를 촉구하고
취임식 연설에서 북한이 완전한 비핵화를 선택한다면
북한 경제를 돕는
"담대한 계획"을 제안했다는 점도 주목했다

개탄스런 북한정권

북한이 코로나19 확산에도 5월 25일
또다시 미사일을 쐈다
올해 들어 17번째
윤석열 정부 출범 후 두 번째다
북한은 한국·일본을 방문한 조 바이든 미국 대통령이
미국 땅에 도착하기도 전에 ICBM을 발사해
시간 효과까지 노렸다
24일엔 한국방공식별구역과 일본방공 식별구역에
중국·러시아 전투기·폭격기 6대가
무단으로 침입해 두 시간 동안 휘젓고 다녔다
인도·태평양 경제프레임워크(IPEF) 출범과
쿼드 정상회의 등 미국이 주도하는 자유진영의
경제안보 협력에 맞서는 두 나라의 무력시위인데
북한 도발이 더해지면서 마치 북·중·러가 조율해
한·미·일을 위협하는 모양새다
북한 도발 직후 윤석열 대통령은 긴급NSC를 열고
"한미정상이 합의한 확장억제 실행력과
한미연합방위태세 강화 등
실질 조치를 이행하라"고 지시했다
개탄스러운 건 북한 정권이다
코로나 백신도 맞지 못한 주민들이

민간요법에 의존하며 공포에 떠는데도
국가 자원을 도발에 탕진하고 있다
중 · 단거리 미사일 한 발을 쏘는데 12억~18억원
ICBM은 그 10~20배가 든다
7차 핵실험 준지도 마친 상태다
북 · 중 · 러의 위협과 도발은
전체주의 국가 대 자유민주주의 진영의 대립 격화
그 한가운데 있는 우리의 안보현실을 한 번에 보여줬다
윤석열 정부는 25일 대장 인사를 단행
합동참모의장과 육 · 해 · 공군 총장 등
모두 7명의 4성장군 자리를 교체하면서
군 수뇌부를 통째로 교체했다

투자 릴레이 확산

국내 주요 대기업이 윤석열 정부 임기동안
1,000조 원을 넘는 대규모 투자에 나선다
같은 기간 38만 명을 신규 채용하겠다고 밝혔다
SK·LG·포스코 · GS·현대중공업 · 신세계그룹이
5월 26일 향후 5년간 총 468조원을 투자하고
20만 명 이상을 고용하겠다고 발표했다
지난 24일 삼성 · 현대자동차 · 롯데 · 한화 그룹이
미래 투자 계획을 발표한 데 이어
이날은 재계 10위 그룹까지 '투자 릴레이'가 확산됐다
이들 10대 그룹이 앞으로 5년 내 투자하겠다고 발표한
투자 총액은 1,065조 6,000억 원에 달한다
지난해 GDP 규모인 2,057조 원의 절반에 해당하는
천문학적 규모다

민주당 내홍 격화

더불어민주당 박지현(여 · 26) 공동비상대책위원장이
'팬덤*정당 탈피'와 '586그룹 용퇴론'을 공개적으로
꺼내들며 시작했던 민주당 내 갈등이
갈수록 심화되고 있다
박 위원장이 5월 27일 오후 "사과한다"고 나서며
갈등이 봉합되는 듯했지만 5시간 뒤
돌연 "윤호중 공동비대위원장과 협의를 진행했으나
거부당했다"고 밝혔기 때문이다
박 위원장이 윤 위원장과의 협의 과정에서
당 혁신위원장 자리를 요구한 것으로 알려지면서
갈등의 골은 더 깊어지고 있다
당의 임시 선장인 두 사람의 갈등이격화되면서
민주당 내에서는 "선거 후가 걱정"이라는
우려가 나온다

* 주: 팬덤(fandom)-특정한 인물이나 분야를 열정적으로 좋아하는 사람들 또는 그러한 문화현상을 이르는 말로 팬덤정당이란 그런 팬덤 현상을 보이는 정당이다.

책임총리제 삐걱

한덕수 국무총리가 지명한
새 정부 첫 국무조정실장으로 내정됐던
윤종원 IBK기업은행장은 청와대 경제수석으로
탈원전 · 소득주도성장 · 부동산 등
문재인 정부의 실패한 정책을 주도 비호한
인사로 알려졌다
하필이면 왜? 그를 발탁했을까?
윤석열 대통령 공약인 '책임총리제'가 무색할 정도로
'윤핵관'의 중심에 있는 권성동 원내대표는
'윤종원 불가론'을 강력하게 제기했다
윤종원 내정자는 국무조정실장 임명을 고사했다
"당내에서 워낙 반대 목소리가 컸다"며
"윤 내정자를 가까이에서 본 의원들일수록
특히 거부감이 강했다"고 전한다
한 총리는 "대체할 사람이 없다"며
밀어붙이다가 뜻을 이루지 못했다고…

K무비 칸 2관왕

5월 28일 칸 영화제 폐막식이 열린
프랑스 칸 뤼미에르 대극장에서
남우주연상 수상자로 송강호(55)가 호명되자마자
가장 먼저 객석에서 달려나온 박찬욱 감독(59)이
송강호를 끌어안았다
송강호가 일본 거장 고레이다 히로카즈 감독이 연출한
한국 영화 '브로커'로 남우주연상을 수상하며
한국 남자 배우 최초로
칸 · 배를린 · 베니스 등 세계3대 영화제에서
연기상을 받는 기록을 세웠다
그로부터 20여 분 뒤
박찬욱 감독이 수상자로 호명됐다
6년 만에 장편영화 '헤어질 결심'으로
칸에 돌아와 상을 거뭐쥔 것이다
현지에선 K콘텐츠의 세계적 인기로
칸영화제가 한국영화의 축제로 바뀌었다는
평가도 나왔다
윤석열 대통령은 29일 송강호 · 박찬욱에게
축전을 보냈다

규제 철폐로 화답

윤석열 대통령은 5월 30일
“지난주 주요 기업이 5년간 100조원을 투자하고
30만명을 신규 채용하겠다는 큰 계획을 발표했다”며
“이제는 정부가 기업 투자를 가로 막는
규제를 풀어 화답할 때”라고 말했다
“어렵고 복잡한 규제는
제가 직접 나서겠다”고 했다
대통령실의 한 관계자는
“정부 내 크고 작은 기업 규제가
3,000개에 이른다”고 했다

김포공항 이전 논쟁

김포-제주 항공 노선은 자타가 공인하는
세계에서 가장 붐비는 하늘길이다
국제항공운송협회의 '세계항공운송통계' 보고서에 따르면
지난해 김포-제주 노선 승객 수는 10,223,667명으로
단일 노선 기준으로 압도적 세계 1위였다
2위 베트남 하노이-호찌민 5,918,655명보다
2배 가까이 많다
기록적인 운항편 역시 세계 톱이다
여름철에는 하루에 128편이 뜨고 내린다
김포공항의 매력은 단연 접근성이다
광화문에서 김포공항까지는 지하철로 딱
40분에 요금은 1,450원이다
이런 곳은 세계 어디에도 없다
1시간만 날면 천혜의 관광지 제주에 간다
김포-하네다 노선을 비롯해
상하이 · 오사카 · 나고야 · 베이징 · 타이페이 등
그야말로 동아시아비즈니스셔틀 공항의 기능을
톡톡히 수행하고 있다
인천 계양을 보궐선거에 출마한
이재명 더불어민주당 후보가 '김포공항 이전'으로
아파트를 짓겠다고 해 논란이 되고 있다

6 · 1지방선거 여당 압승

국민의힘이 6 · 1지방선거에서 압승했다
윤석열 정부 출범 한 달도 안 돼
'대선연장전'으로 불린 이번 선거에서
정부 · 여당은 국정운영에 탄력을 받게 됐다
더불어민주당은 대선에 이어
지방선거에서도 패배하며
책임 소재와 쇄신 방향을 놓고 내홍이 예상된다
17개 광역단체장 선거 결과 국민의힘 후보들은
수도권 · 영남 · 강원은 물론 충청권에서도
민주당 후보들에 앞서며 12곳에서 승리했다
민주당은 경기 · 광주 · 전남 · 전북 · 제주도 등
5곳의 승리로 마감했다
오세훈 후보는 첫 4선 서울시장이 되며
대선가도에 교두보를 마련했다
국민의힘은 충천권 4곳(대전 · 세종 · 충남 · 충북)에서도
모두 승리했다
기초단체장 226곳 중
국민의힘 145곳 - 민주당 63곳
무소속 17곳-진보당 1곳에서 당선됐다
광역의원도 872석 중
국민의힘 540석-민주당 322석을

기초의원도 전체 2987명 중
국민의힘 1,435석 - 민주당 1,384석을
국회의원 보궐선거에선 7명 중
국민의힘 5명-민주당 2명
시 · 도 교육감 선거에서는
진보성향 후보가 9곳-보수성향 후보가
8곳에서 승리했다

윤심 통했다 김태흠

국민의힘 김태흠(59) 충남지사 당선인은
“제게 보내주신 성원은 윤석열 정부의 성공과
충남의 새로운 변화를 바라는 열망이고
명령이라고 생각한다”며
“충청의 아들 윤석열 대통령과
원팀으로 충남의 힘찬 도약을 이뤄내겠다”고 했다
김 당선인은 이번 선거를 통해
고 이완구 전 국무총리 이후
민주당이 독식했던 충청남도정을 12년 만에 탈환했다
김태흠 당선인은 지방선거를 50여일 앞둔
지난 4월 출마를 선언했다
윤석열 대통령이 직접 전화를 걸어
출마를 권유하자 ‘사생취의(捨生取義)’의 각오로
결심을 굳혔다고 했다

이재명 국회 입성

이재명 더불어민주당 총괄선대위원장 겸
인천 계양을 국회의원 보궐선거 후보가
국회 입성에 성공했다
하지만 결과적으로 상처뿐인 승리였다
그는 "전국 과반 승리를 이끌겠다"는 일성으로
출마를 감행했지만, 민주당은 '전국과반'은커녕
수도권 광역단체장 선거에서 16년 만에
전패 위기에 처했다
민주당 내에선 "개인은 살고
당은 죽었다"라는 평가도 나왔다

안철수 원내복귀

여당 소속으로는 처음으로 국회의원
보권선거에 출마한 안철수 국민의힘 후보는
경기도 성남 분당갑에서 낙승을 거두며
2017년 이후 5년 만에 다시 국회에
입성하게 됐다
당내에선 3선의원이 된 안철수 후보가
향후 당 대표직에 도전할 것이란 관측이 나온다

김관영 전북지사

고시 3관왕(공인회계사 · 행정고시 · 사법고시)
타이틀을 가진 더불어민주당 김관영(52) 후보가
전북도지사에 당선된 직후 "임기 시작과 동시에
대기업 계열사 유치전에 뛰어들겠다"고 했다
"큰 기업이 있어야 양질의 일자리를
대폭 늘릴 수 있다"면서다
'새로운 전북 유능한 경제도지사'를 표방한
김관영 당선인의 당선소감도 경제에 집중됐다
"우리나라에서 가장 기업하기 좋은
전북을 만들 것"이라며
"전북의 새로운 100년과 미래 먹거리를 준비하는
도지사가 되겠다"고 말했다

김동연 경기서 역전승

6·1지방선거 최대 승부처였던
경기도지사 선거는 밤새 초박빙 승부를 이어갔다
10여시간 동안 유지되던 1·2위 구도는 2일
개표 종료 직전 극적으로 뒤바뀌었다
막판 대역전극이 연출된 것이다
피 말리는 접전은 이날 동이 트고
한참 뒤에야 끝났다
김동연 더불어민주당 후보와
김은혜 국민의힘 후보의 승부는
선거전부터 초접전이 예상됐다
1일 오후 지상파 방송3사 출구조사에서
김동연 후보 48.8%
김은혜 후보 49.4%로 0.6%포인트 차를 기록하며
치열한 승부를 예고했다
개표가 본격화하자 김은혜 후보가
김동연 후보를 앞서나갔다
격차는 크지 않았지만 10여시간 동안
한 차례도 선두를 빼앗기지 않았다
2일 오전 3시를 넘어서자
16개 시·도지사 당선인이 모두 가려졌다
경기지사 선거만 긴장감 속에 개표를 이어가다가

오전 5시 32분 팽팽하던 구도에 균열이 갔다
개표가 96.59% 완료한 시점에서
김동연 후보가 처음으로 김은혜 후보를 앞섰다
표차는 불과 289표
이때부터 1시간여간은 김동연을 김은혜 후보가
바짝 추격하는 형태로 다시 살얼음 승부가 이어졌다
한 번의 역전 이후 재역전은 없었다
오전 6시 47분 김은혜 후보가 패배를 인정했고
김동연 후보는 이후 20여분간 캠프에서
개표 결과를 지켜보고 있다가
오전 7시10분쯤 당선 소감을 밝혔다
김동연 후보는 "오늘 승리는
저 김동연 개인의 승리가 아니다"라며
민주당의 변화와 쇄신의 씨앗이 되겠다고 했다
최종 개표결과 두 후보 간 격차는 0.15%
포인트 8,913표 차이에 불과했다

6·1지방선거에서 막판 대역전극을 쓴
더불어민주당 김동연(65) 경기지사 당선인이
2일 당 혁신을 앞세우며 정치행보를 본격화했다
김 당선인은 윤석열 정부 출범 22일 만에
치러진 불리한 선거구도에서 윤심을 앞세운
김은혜 국민의힘 후보를 꺾었다
이번 승리로 제3지대 신인 정치인에서

민주당 대선주자로 자리매김할
발판을 마련했다는 평가가 나온다
김 당선인은 흙수저 출신 경제관료였다
1957년 충북 음성군에서 태어난 김동연 당선인은
11세에 아버지를 여의고 어려운 유년기를 보냈다
덕수상고를 졸업한 뒤 야간대학을 다니며
1982년 행정고시와 입법고시에 동시에 합격한 후
노무현 · 이명박 · 박근혜 정부에서 요직을 거쳐
2017년 문재인 정부의
초대 부총리 겸 기획재정부 장관을 지냈다
지난해 8월 '새로운물결'을 창당하고 대선에 출마했다
정치교체를 연결고리로 지난 3월 이재명 전 지사와
대선 후보 단일화를 한 뒤 민주당과 합당했다
경기지사 선거 승리로 대선 후보급으로
체급이 커졌다는 평가를 받는다
다만 경기도 내 31개 시장 · 군수 선거에서
민주당이 9 대 22로 참패한 점은
부담이 될 것으로 전망된다
당내 세력이 약한 당선인이 이재명 의원과
어떤 관계를 유지할지에도 관심이 모인다

믿음 잃은 민주당

2022년 6월 3일 경향신문 1면 타이틀이
'믿음 잃은' 민주당 지지층에도
심판당했다로 시작됐다
더불어민주당 비상대책위원회가
6·1지방선거 패배 책임을 지고 2일 총사퇴했다
지난 3월 대통령선거 패배 직후 출범한
'윤호중·박지현 비대위'가
두 달여 만에 막을 내렸다
정치권과 전문가들은
민주당의 지방선거 참패 원인을 두고
지지자들의 이탈을 지목했다
민주당이 대선 전후 보여준 '내로남불'
'오락가락 정책' '민생무관심' '일방독주식 개혁'
'반성·쇄신없는 태도' 때문에 선거때마다
민주당을 찍어온 지지자들이 민주당을
"더 이상 믿을 수 없는 정당"으로 인식하면서
투표를 포기하거나 다른 정당 지지로
옮겨갔다는 것이다
역대 지방선거에서 두 번째로 낮은 투표율 50.9%와
민주당 강세지역인 광주에서
전국 최저 투표율 37.7%를 봐도

지지층의 이탈이 극명하게 드러난다
무엇보다 김대중 · 노무현 · 문재인으로 이어지는
민주당 정부에서 보여줬던 민생 · 진보적 가치와
정책이 실종됐다는 지적이 나온다
강성지지층의 요구를 받아 '검수완박' 입법에 나서며
지지층 집결효과를 기대했지만 '꼼수 · 독주 입법'으로
연성지지층은 떠나버리는 계기가 됐고
강성지지층으로부터도 '검수덜박'이라고 비판을 받았다
지방선거 정국에 돌입하자 중도층을 공략하겠다면서
종부세 완화와 폐기됐던
김포공항 이전 공약도 다시 꺼냈다
박지현 공동비대위원장이 '86그룹 용퇴론' 등
혁신안을 제시하자 거부감을 드러내기도 했다

흔들리는 민주텃밭

흔들리는 '민주 텃밭' 호남…
선거에서 더불어민주당의 전통적인 텃밭으로 분류돼온
호남(광주 · 전남 · 전북)에서 민심 이반 흐름이 감지된다
이번 지방선거에서 당선된
17명의 무소속 기초단체장 가운데
10명이 호남에서 나온 것이 대표적이다
여기에 국민의힘 소속 후보들이
호남 광역지자체장 선거에서
역대 최고 득표율을 기록하고
광주에서는 역대 최저의 투표율을 보이며
민주당의 지역 장악력이 약해졌다는 평가가 나온다

김동연 당이 발목잡아

김동연 경기지사 당선인이 6·1지방선거 과정에서
"더불어민주당이 발목잡은 부분도 있었다"고
6월 3일 말했는데 그가 밝힌 민주당발 악재는
박완주 의원 성 비위의혹
박지현·윤호중 공동비대위원장의
공개 갈등 등을 지적한 것으로 해석된다
선거운동이 한창이던 지난달 당이 내홍을 겪자
여론조사에서 민주당 정당 지지도가
20%대까지 떨어지면서
김 당선인 지지율도 영향을 받았다
김 당선인은 민주당의 쇄신 필요성을 강조하기도 했다
그는 "우선 기득권을 내려놓겠다는
각오를 해야 한다"며
"민주당이 다수당을 차지하고 있으면서
협치나 토론이 부재한 것 같다"고 지적했다

대통령실 이름 5개 압축

서울 용산 대통령실 청사의 새로운 명칭이
국민의집 · 국민청사 · 민음청사 · 바른누리 · 이태원로22 등
5개 후보 중에서 결정된다
대통령실새이름위원회는 4월 15일까지 1개월간
국민응모작 3만건 가운데
후보를 5개로 추렸다고 6월 3일 밝혔다
최종당선작은 5건의 후보에 대한 국민 선호도 조사와
심사위원 배점을 합산해 선정된다

경제위기 꺼낸 윤 대통령

압승에도 '경제위기' 꺼낸 윤 대통령…
윤석열 대통령은 6월 3일
"지금 경제위기를 비롯한 태풍권역에서
우리 마당이 들어가 있다"며
"지금은 정당의 정치적 승리를 입에 담을
그런 상황이 아니다"라고 말했다
윤 대통령은 용산 대통령실 출근길에
'지방선거 승리로 국정운영 동력을 확보했다는
평가에 대해 어떻게 생각하느냐'는 질문에
이렇게 답했다
통계청은 지난 5월 소비자물가 상승률이
13년 9개월 만의 최고치인 5.4%를 기록했다고
이날 발표했다
대통령실은 지방선거에서 여당이 압승한
다음날인 2일에도 "서민의 삶이 너무 어렵기 때문에
경제 활력을 되살리는 게 가장 시급한 과제"라며
"첫째도 둘째도 셋째도 경제라는 자세로
민생 안정에 모든 힘을 쏟겠다"는
내용의 메시지를 발표했다

문재인 시위자 고소

5월 31일 오후 경남 양산시 하북면 지산리
평산마을 문재인 전 대통령 사저로 향하는 도로에
관광버스 한 대가 올라가고 있었다
번호판은 '전남'으로 시작됐다
마을회관에 도착한 버스는 관광객 30여 명을 쏟아냈다
70-80대 노인이 대부분이었다
전남 순천에서 왔다는 83세의 노인은
"아이고 우리 대통령님 어쩌다 여기서 고생을 하셔
그냥 전라도로 올 것이지
그러면 편하실 텐데"라며…
마침 이곳에서 상주하다시피 한다는 시위자가
"문재인 전라도로 가라!"
"북한으로 가라!"고 소리쳤다
이어 100m 앞 문재인 · 김정숙 여사가 있는
사저를 향해 육두문자를 내뱉었다
자신을 자유정의진리혁명당 소속이라 밝힌
이 남성은 "간첩에게 어떤 표현이 지나치겠나
나에게는 표현의 자유가 있는데 (문 전 대통령이)
구속될 때까지 계속하겠다"고 말했다
평산마을 주민들은 시위대가 살인 · 방화까지 언급하자
충격에 빠진 모습이었다

장송곡과 국민교육헌장이 반복적으로 나왔다
문재인 전 대통령은 대리인을 통해
보수단체 소속 회원 등 4명에 대한 고소장을 냈다
6월 3일에는 경찰이
코로나백신 피해자 가족협의회 등이 신고한
13곳 중 사저 앞과 마을회관 앞
집회에 대해 금지 통고했다고 밝혀
양산 사저 앞 집회·시위 관련 첫 금지 통고였다
더불어민주당 국회의원들은 대응이
미온하다며 양산경찰서를 항의 방문했다

이준석 이기고도 혁신

국민의힘이 대선에 이어
지방선거까지 연승을 거둔데다
당 지지율도 50%를 넘나들며
탄핵 이후 최고 전성기를 누리고 있는 가운데
이준석 대표가 6월 2일 띄운 혁신위는
출발부터 이례적이란 것이다
그러나 이 대표는 축배 대신 곧바로 '메스'를 들었다
이 대표는 박근혜·문재인 정부를 예로 들며
"잘나갈 때 자기 혁신에 소홀하면
결국 정권을 뺏기게 된다"며
혁신위 출범 배경을 설명했다
최고위원들도 대부분 동의를 표했다고 하는데
혁신위원장에 임명된 최재형 의원도 기자들과 만나
"공천과 관련해 모호했던 규정들을 재정비해
예측 가능한 시스템을 만들겠다"고 공언했다

달라진 현충일

한국전은 "공산세력 침략"…
윤석열 정부의 현충일은
문재인 정부의 현충일과 달랐다
윤석열 대통령은
2022년 6월 6일 오전 국립서울현충원에서 열린
제67회 현충일 기념식 추념사를 통해
'북한'을 직접 겨냥하며 강력한 대북 억지력을 강조했다
한미 연합군이 6월 6일 동해상으로
지대지미사일 8발을 발사했다
북한이 6월 4일 단거리 탄도미사일 8발을
동해로 쏜 데 대한 무력시위다
합동참모본부는 "북한의 도발 원점과 지휘 및
지원세력에 대해 즉각적으로 정밀 타격할 수 있는
능력과 태세를 보여줬다"면서
"북한은 군사적 긴장 고조와 안보 불안을 가중시키는
행위를 즉각 중단할 것을 엄중히 촉구한다"고 밝혔다

금감원장도 검사출신

윤석열 대통령이 6월 7일
새 정부 초대 금융위원장에
이복현(50) 전 검사를 임명했다
더불어민주당의 '검수완박' 추진에 반발해
사표를 던지고 면직 처리된 지 3주 만에
금융감독 기구의 수장이 됐다
윤 대통령은 출근길에 기자들과 만나
"검찰출신이 요직을 독식한다는 비판을
어떻게 보느냐"는 질문에
"우리 인사원칙은 적재적소에
유능한 인물을 쓰는 것"이라고 답했다
이복현 원장은 서울대 경제학과를 나와
공인회계사 자격증을 딴 뒤
사법시험에 합격한 이력이 있다
법조계 안팎에선 이 원장에 대해 "금융 · 조세
범죄수사에서 두각을 나타냈다"는 평가가 있다
그는 1972년생으로 윤석열 사단의 막내다

국민MC 송해 별세

'전국~노래자랑'을 목 놓아 외치던
'국민 할아버지'가 하늘로 돌아갔다
"내 인생을 '딩동댕'으로 남기고 싶었다"던
이의 늦은 퇴근길이다
현역 최고령 방송 진행자인 송해 씨가
2022년 6월 8일 오전
서울 강남구 자택에서 별세했다 향년 95세
황해도 재령 출신의 고인은 6 · 25전쟁 때 월남한 뒤
창공악극단을 통해 1955년 가수로 데뷔했다
1988년 KBS '전국노래자랑' MC를 맡은 후
34년간 프로그램을 진행해
금년 4월'최고령 TV음악 경연 프로그램 진행자로
기네스기록에 등재됐다
윤석열 대통령은 조전을 보내 "정감 어린 사회로
울고 웃었던 우리 이웃의 정겨운 노래와 이야기는
국민의 마음속에 오래도록 남아있을 것"이라고 추모했다
박보균 문화체육관광부 장관은 빈소를 찾아
영정 앞에 금관문화훈장을 추서했다

취임 1주년 이준석

이준석 국민의힘 대표가
6월 11일 취임 1주년을 맞는다
국민의힘은 이 대표 체제에서
우상향 곡선을 그렸다
최연소 제1야당 대표의 등장에
노쇠한 보수 정당의 이미지를 벗었고
대선 · 지방선거에서 승리했다
"역대급 당대표"라는 찬사가 쏟아질 것 같지만
당 내에선 이 대표를 곱게 보지 않는 시선도 상당하다
이준석 대표 취임 전 국민의힘 당원은
약 20만 명 수준이었는데
현재 80만명에 달한다
국민의힘 초선의원은 "대선과 지방선거 2승을 이끈
당대표라는 점은 누구도 부인할 수 없다"고 말했다
하지만 이 대표를 둘러싼 각종 논란도 만만치 않았다
윤석열 대통령이 대선 후보로 선출된 직후
지난해 11월 3일에는 '윤핵관'을 공개 저격하며
당무 거부에 나섰다
최근에는 당 혁신위원회 설치 등을 비판한
정진석 국회부의장과 강하게 맞붙었다
우크라이나에서 귀국한 이 대표는

6월 9일 기자들과 만나 "공명정대하기로 소문난
최재형 혁신위원장을 소위 이준석계로 몰아붙이면서
정치적 공격을 가하는 것은 적어도
여당 소속 국회부의장이 해서는 안될 추태에 가깝다"며
"어떻게 당 소속 의원 · 최고위원 · 당대표를 저격하면서
자기 입지를 세우려고 하는 사람이 당을
대표하는 어른일 수 있겠나"라고 비판했다
한 중진 의원은 "친윤 그룹의 맏형 격인
정진석 의원이 갈등의 전면에 나서면서
선거 압승의 훈풍을
빠르게 증발해 버릴 위기"라고 우려했다

박지원의 가벼운 입

박지원 전 국가정보원장이
정치인 · 기업인 · 언론인 등의
존안(存案)자료를 뜻하는 '국정원 X파일'의
존재를 언급한 것을 두고
여권의 반발이 거세게 일고 있다
대통령실은 "국정원장의 입이 이토록 가볍다"며
불쾌감을 드러냈고 여당인 국민의힘은
"자신의 정치적 존재감을 내세우려는 태도"라고 성토
국정원까지 "부적절한 행동"이라고 지적하자
박 전 원장은 "앞으로 공개발언 시 유의하겠다"며
한발 물러섰다

세계 3대 곡창지대

식량 부족과 이에 따른 푸드플레이션
(푸두+인플레이션)이 세계를 강타할 것이라는
우려가 커지고 있다
우크라이나 전쟁 장기화로 식량 공급이 무너진 와중에
폭염 가뭄 등 이상 기후까지 기승을 부려
세계 3대 곡창지대로 불리는
미국 · 아르헨티나가 극심한 가뭄을 겪고 있다
여기에 한국은 6일째 계속되는 민노총 화물연대 파업으로
시멘트 · 철근을 제대로 공급받지 못하고 있어
전국의 아파트 · 오피스텔 등
주거단지 건설현장 절반 이상이
공사 중단 위기에 처했으며
그 피해는 전 산업계로 확산되고 있다
육상 물류가 막히고 항만 운영이 차질을 빚으면서
석유화학 제품은 하루 출하량이
평소 대비 10% 수준까지 급감했고
중소철강사들은 철강재를 공급받지 못해
납기 지연이 속출하고 있다

막내아들의 여름휴가

6얼 9일 미국 MS(마이크로소프)에 근무하는
막내아들이 식솔과 함께 여름 휴가차 귀국했다
올해 고등학교를 졸업한 손녀가
일리노이대학 전자계열학과에 진학했다
40년 전 한국공인회계사회가 실시한
해외연수 프로그램을 주관했던 대학이
일리노이대학이라 감회가 남다르다
우리나라에 컴퓨터가 보급되기 전이다
그때 전자오락기를 선물로 사왔다
아이들에게는 최고의 선물이라고 했다
그걸 가지고 놀던 초등학생이 지금
IT 엔지니어가 돼 휴가를 나온 것이다
실리컨벨리의 구성원으로
미국시민으로 직책도 그러려니와
휴가 와서도 회사업무를
정상적으로 처리할 수 있다고 하니
격세지감을 느끼게 한다

모계성(母系姓) 자녀

성인이 된 후
어머니의 성과 본을 따르기로 결정한 자녀는
어머니가 속한 종중의 구성원이 될 수 있다는
대법원의 첫 판결이 나왔다
2022년 6월 13일 대법원 1부(주심 박정하 대법관)는
출생신고 당시 '안동 김씨'였던 A씨가
2013년 가정법원에 성 · 본 변경허가를
용청해 '용인 이씨'가 되어
용인이씨 종중을 상대로 제기한
종원 지위 확인소송 상고심에서
원고 승소 판결한 원심을 확정했다고 밝혔다
"종래 관습법에서도 입양된 양자가
양부모가 속한 종중의 종원이 되는 등
종중 구성원의 변동이 허용됐다"며
이같이 판결했다

화물연대파업 끝

8일째 이어지던 민주노총 공공운수노조 화물연대의
총파업이 6월 14일 극적으로 타결됐지만
총파업이 글로벌 공급망에 타격을 줬다는
NYT의 지적이다
"반도체 · 철강 등 주요 소재 · 부품 수출국인 한국의
물류 차질로 중국의 코로나19 봉쇄와
러시아의 우크라이나 침공으로
이미 휘청거린 글로벌 공급망에
골칫거리를 더했다"고 했다

용산 대통령실

윤석열 정부의 대통령 집무실 명칭이
사실상 '용산 대통령실'로 결정됐다
대통령실새이름위원회가
6월 14일 대통령 집무실의 새 명칭을
심의 · 선정하는 최종회의를 진행한 결과
"대통령 집무실의 새 명칭을 권고하지 않기로 했다"고
강인선 대변인이 브리핑에서 밝혔다
강 대변인은 "5개 후보작인 국민의집 · 국민청사 ·
민음청사 · 바른누리 · 이태원로22 중 과반을
득표한 명칭이 없는 데다
각각의 명칭에 대한 부정적 여론을 감안
5개 후보작 모두 국민적 공감대를
형성하기 어렵다는 데 의견을 모았다"고 말했다
윤 대통령도 지난 10일 여당 지도부와의 오찬에서
"공모한 이름이 다 마음에 안 든다"는
취지로 언급한 적이 있다

자라 보고 놀란 가슴

윤석열 대통령의 부인 김건희 여사가
경남 김해 봉하마을을 방문하면서
지인과 동행한 것을 두고 논란이 분분하다
야당인 더불어민주당은 "비선 논란을 자초한다"
"공사 구분을 하지 못한 채
문제를 일으키고 있다"고 공세를 폈다
"자라 보고 놀란 가슴
솥뚜껑 보고 놀란다"고 하는 말이 있다
2017년 문재인 정부에선 김정숙 여사가
김건희 여사만큼 화제의 중심이었다
2012년 대선 당시부터 별명으로 밀어온
'유쾌한 정숙 씨'라는 이미지를 내세워
무례를 유쾌로 포장한 언론플레이를 했다
과하다 싶은 장면이 연출돼도 주변에서는
견제는커녕 "유쾌하다" "잘한다"고
부추기기도 했다
국빈 방문한 나라에서 대통령보다 앞서 손을 흔들고
단독으로 대기업 CEO를 부르고 해외 방문까지 했다
그리고 그 결말은
사상 초유의 특활비 옷값 논란으로 귀결됐다

민간 주도 상장

윤석열정부 규제STOP "정부가 기업이다"
이젠 '민주성-민간주도 성장' 시대
윤 대통령 경제정책 패러다임 발표
"국가라는 것도 기업 노력의 결과 관행적
그림자 규제 다 걷어낼 것"
노동 · 교육 · 연금 고강도 개혁예고
윤석열 정부의 경제 이정표가 세워졌다
키워드는 민간주도 성장이다
기업을 간접적으로 지원하면서 규제를 완화해
투자 · 고용을 활성화하고 이를 통해
경제성장을 이루겠다는 게 '민주성'의 목표다
분배를 통해 경기를 활성화하겠다는
문재인 정부의 '소주성-소득주도성장'에서
패러다임이 180도 바뀌었다
6월 16일 판교 제2테크노밸리에서 열린
'새 정부 경제정책 방향 발표'에서
윤 대통령은 새 정부 5년간의 경제운용 주축이
민간임을 분명히 한 것이다

김건희 여사 광폭행보

윤석열 대통령 부인 김건희 여사는
5월 중순 쯤 서울시내 한 호텔에서
이명박 전 대통령의 부인 김윤옥 여사를
6월 13일엔 김해 봉하마을을 찾아
고 노무현 대통령의 부인 권양숙 여사와
90분간 환담했다
'조용한 내조'라는 기조라지만 연일 이어지는
광폭행보에 정치권 논란은 더 커졌다
6월 14일에도 여당 4선 이상 중진의원 부인들과
용산 국방컨벤션에서 오찬회동을 했다
권성동 원내대표 부인의 제안에
김 여사가 화답해 성사된 자리라고 한다
권 원내대표는 기자들과 만나
"중진의원의 부인들이 나이가 많으니
'사모님' 했다가 '언니들' 했다가…
참 좋았고 솔직하고 소탈하더라고"고 했다
김 여사는 참석자들에게 대통령 시계를 선물했고
향후 중진의원의 부인들이 봉사모임을 만들면
적극 참여하겠다는 뜻을 밝혔다고 한다
6월 16일에는 김 여사가 고 전두환 대통령
부인 이순자 여사를 예방했다

김 여사는 이날 오후 3시 연희동 자택을 찾아
1시간 20여분 머문 뒤 4시 26분
이 여사의 배웅을 받으며 자택을 나왔다
대통령실 관계자는 “전직 대통령 부인들을 찾아 뵙고
조언을 듣기 위해 인사드리는 계획이었다
이날도 그런 일환으로 방문한 것”이라고 말했다

김정숙 여사와 깜짝 회동

윤석열 대통령의 부인 김건희 여사가
6월 17일 서울 모처에서 문재인 전 대통령
부인 김정숙 여사를 만남으로서
전직 대통령의 부인 4명을 예방하며
'인사행보'에 마무리 수순에 들어갔다
김건희 여사는 대선과정에서 자신을 둘러싼
의혹이 잇따라 제기되자
지난해 12월 기자회견을 열고
"남편이 대통령이 돼도
아내의 역할에만 충실하겠다"고 밝혔다
이른바 '조용한 내조'다
하지만 실제론 김 여사의 행보가
윤 대통령보다 더 많이 주목받고 있는 것으로 나타났다
윤 대통령 측은 취임식 당일
김 여사의 향후 행보에 대해
"적극적 행보 없이 당분간
조용히 내조에 전념할 계획"이라 밝혔지만
네티즌의 관심은 갈수록 커지고 있다

윤 대통령의 도어스테핑

윤석열 대통령은 지금까지 40여일 간
17차례 기자들과 출근길 즉석문답(도어스테핑)을 했다
전임자가 5년간 11차례 기자회견을 하면서
시나리오 · 질문지 · 편집이 없는 3무(無) 회견을 했다고
자랑했던 걸 떠 울리면
격세지감이 들 정도의 변화다
청와대란 구중궁궐에서 나와
'용산 대통령시대' 연 취지를 잘 살렸다
국민과 소통하고 참모 뒤에 숨지 않겠다던
약속을 지키고 있다는 점에서 높이 평가한다고…
윤 대통령은 대부분의 질문을 외면하지 않고
특유의 진솔한 화법으로 답해왔다
그 덕분에 국민도 대통령의 의도를
확실히 알 수 있게 됐다는 긍정적인 평가다

주먹질만 보인다

사방이 싸우는 소리다
여당은 여당대로 야당은 야당대로
정부와 국회 모두가 주먹질을 하고 있다
국민의힘과 더불어민주당은
국회 법사위원장 자리를 놓고 한 치의 양보도 없다
경제가 고물가 · 고금리 · 고환율의 3고(高)
위기를 겪고 있는 상황이다
윤석열 대통령은
"지금 국민들이 숨이 넘어가는 상황이기 때문에
법 개정이 필요한 정책에 대해
초당적으로 대응해 줄 것으로 생각한다"며
"국회가 정상 가동이 됐으면
법안을 냈을 것"이라고 했다
여기에 서해 공무원 피살사건 공방
이준석-배현진 설전에 권성동 책상 쾅
이준석 성상납 징계심의 폭풍전야
민주당 '성희롱 논란' 최강욱에 6개월
당원자격 정지 등등…

누리호 발사 성공

한국이 독자 기술로 우주로켓 누리호가
2022년 6월 21일 위성 5개를 싣고
성공적으로 발사됐다
한국은 미국 · 러시아 · 중국 · 일본 · EU · 인도에 이어
1t 이상 실용위성을 자력으로 발사한
'세계 7대 우주강국'에 올라섰다
누리호는 이날 오후 4시 전남 고흥
나로호우주센터 전용 발사대에서 우주로 날아올랐다
누리호는 발사 123초 뒤인 고도 62km 지점에서
1단 로켓이 분리됐다
269초 뒤 고도 273km 지점에서 2단이 분리되고
오후 4시 14분 34초에 고도 700km에서
초소형 위성 4개를 실은 성능검증 위성이
3단에서 분리되며 궤도에 올라섰다
발사 42분께 이 위성이 남극 세종기지와
처음 교신하며 '무사함'을 알렸다
누리호는 과학기술정보통신부와
한국항공우주연구원이 1.5t급 실용위성을
저궤도에(600-800km)에 올리기 위해
2010년부터 개발한 토종 발사체로 그동안
1조9572억원이 투입됐다

한화에어로스페이스 · 한국항공우주산업 · 현대중공업 등
국내 기업 300여 곳의 땀이 녹아들어 있다
윤석열 대통령은 "누리호 발사 성공은
지난 30년간의 지난한 도전의 산물"이라며
"세계적 우주 강국으로 발전할 수 있도록
정부는 항공우주청을 설치해
체계적으로 지원할 것"이라고 말했다

尹 탈원전 바보짓

윤석열 대통령이 6월 22일 당선인 시절에 이어
두 달 만에 다시 창원 원전산업 현장을 찾아
'원전 최강국 도약'을 선언했다
지난 문재인 정부의 '탈원전 정책' 폐기를 넘어
무너진 원전산업 경쟁력을 복원해
성장과 수출 동맥으로 삼겠다는 의지를 천명한 것이다
문재인 정권은 세계 최고 기술력을 자랑하던
원전산업의 경쟁력 상실은 물론 인력 유출 등
심각한 폐단을 초래했다
탈원전 정책은 '바보 같은 짓'이라는
윤 대통령의 지적도 무리가 아니다
국제원자력기구(AIEA)에 따르면 10~20년 이내에
100여 기의 원전이
새로 건설시장에 나올 전망이다

조순 전 부총리 별세

한국 경제계의 거두이자
관료 · 정치인으로 큰 족적을 남긴
조순(94) 서울대 경제학부 명예교수가
6월 23일 별세했다
고인은 노태우 정부 시절(1988-1993)
부총리 겸 경제기획원 정관과
한국은행 총재를 지냈고
김영삼 정부 때인 1995년 서울시장에 당선돼
행정가로 변신했다
고인은 '조순학파'로 일컬어질 정도로
수많은 제자를 길러내며
한국 경제학계에 획을 그었다
부총리 재직 때 비서관이었던
추경호 경제부총리 겸 기획재정부 장관은 빈소를 찾아
"매사에 사사로움 없이 사안을 판단하시고
우리 경제가 어떻게 하면 지속 가능하고
올바르게 갈 수 있을 지를 늘 고민하셨다"고 회고했다

윤 대통령 NATO행

윤석열 대통령이 한국 대통령으로선
처음으로 스페인 마드리드에서 열리는
북대서양조약기구(NATO) 정상회의 참석차
김건희 여사와 함께 6월 27릴 출국했다
한국은 일본·호주·뉴질랜드와 함께
아시아 태평양 파트너국으로 초청됐다
취임 후 첫 해외 방문에 나선
윤 대통령은 29-30일 마드리드에서 열리는
NATO 정상회의를 통해 국제무대에 공식 데뷔한다
김건희 여사는 28일 스페인 국왕 펠리페6세가
마드리드 왕궁에서 주최하는 갈라 만찬에
윤 대통령과 함께 참석해 첫 국제외교 행사에 나선다

한 · NATO 신전략

NATO 정상회의 참석차
스페인 마드리드를 방문 중인 윤석열 대통령이
6월 28일 "마드리는 한국의 인도태평양 전략과
글로벌 안보평화 구상이 나토의
'2022 신전략개념'과 만나는 지점"이라고 말했다
이는 중국의 영향력 확대에 맞서
인태 지역의 중요성을 강조하는
나토의 신전략개념에 한국이 보조를 맞추겠다는 뜻이다
중국이 관영매체를 통해
윤 대통령의 나토정상회의 참석을 비판하는 것에 대해선
"우크라이나 전쟁으로 세계경제가 신음하고 있다"며
"한국이 참여하지 않았을 경우에 닥칠 비판과
의구심이 훨씬 크다"고 말했다
윤 대통령은 이날
옌스 스톨텐베르크 나토 사무총장을 면담하면서
나토와의 협력 파트너십도 구체화했다

한미일 정상회담

윤석열 대통령과 조 바이든 미국 대통령
기시다 후미오 (岸田文雄) 일본 총리는
6월 29일 NATO 정상회의 참석을 계기로
약 20분간 회담했다
윤 대통령은 "북한의 핵 · 미사일 위협이 고도화되고
국제정세의 불안정성이 커진 상황"이라며
"한미일 협력은 세계평화와 안정을 위한
중요한 중심축"이라고 강조했다
바이든 대통령은 "한미일 3각 협력은
우리의 공동 목표를 달성하는 데 대단히 중요하다"면서
"그중에는 한반도의 완전한 비핵화가
포함돼 있다"고 말했다
기시다 총리도 "한미 · 미일 동맹의 억지력 강화를 포함한
한미일 공조 강화가 필수 불가결하다"고 말했다
한미일 정상의 만남은 북한6차 핵실험 직후
3국정상이 회동한 2017년 9월 이후 처음이다
이들은 북한의 핵 · 미사일 개발을 막기 위한
새로운 고강도 경제제재 방안을 논의했다

한 · 일 · 호주 · 뉴질랜드

윤석열 대통령은 NATO 정상회의에
아시아태평양 파트너국으로 초청된
4개국 정상이 별도로 회동했다
앤서니 앨버니지 호주 총리
기시다 후미오 일본 총리
저신다 아던 뉴질랜드 총리 등
의제가 정해진 정식회담이 아닌
인사와 상견례 성격의 회동이었지만
중국을 견제하기 위한 '신전략개념'이 논의되는
이번 나토 정상회의에 참석한
아시아태평양 4개국이 별도로 모인 것
자체가 중국을 향한 견제의 메시지라는 평가가 나온다

NATO 신전략개념

NATO가 6월 29일 중국을 구조적 도전으로 규정하는
신(新)전략개념을 사상 처음 채택해
중국 위협에 대한 대응을 공식화했다
전략개념은 미국을 비롯한
나토 30개 동맹국이 10년간 추진할
전략 방향을 제시하는 최상위 문서다
그동안 중국과 협력을 강조했던
유럽의 안보 지형에 큰 변화가 예상된다
특히 나토는 한국 등 아시아태평양 지역
미국동맹국과의 연계도 강조해 아시아와
유럽에서 중국을 포위해 압박하려는
미국의 전략이 본격화됐다
나토는 "인도태평양은 유럽-대서양 안보에
직접적인 영향을 미칠 수 있다는 점에서
나토에 중요하다"고 했다
나토는 기존 전략개념에서 '파트너'로 규정한 러시아를
이번에 "가장 크고 직접적인 위험"으로 바꿨다
러시아의 우크라이나 침공 이후 핵위협 수위를 높여온
러시아를 사실상 적대적 국가에 준하는 수준으로 규정해
군비 증강에 나서겠다는 의지를 분명히 한 것이다
바이든 미국 대통령은 나토 정상회의에서

나토 집단안보 강화를 위해
군사력을 증강하겠다고 밝혔다
폴란드에 미 육군 5군단 사령부를 영구 주둔시키고
영국에 F-35 스텔스기 2개 대대를 추가로 배치한다
자유민주주의와 인권 시장경제 등에 기반한
'가치 규범 연대'를 외교정책 기조로 내건
윤석열 정부가 윤 대통령의
NATO 정상회의 참석을 계기로
'안미경중(安美經中-안보는 미국 경제는 중국)
탈피를 본격화하는 모습이다
대통령실은 28일 "지난 20년간 우리가 누려왔던
중국을 통한 수출 호황의 시대는
끝나가고 있다"고 말했다
그 대신 원자력 발전과 방위산업 등
미래산업을 중심으로
미국 유럽 등 서방국가와의 협력 강화를 통해
수출시장 다변화를 추진키로 했다
중국과의 디커플링(탈동조화)이 시작됐다는 평가 속에
윤석열 정부의 신경제 · 안보전략의
모습이 구체화되고 있다

김건희 여사 국제무대 데뷔

윤석열 대통령 부인 김건희 여사가
6월 28일 스페인 마드리드 왕궁에서 열린
펠리페6세 스페인 국왕 초청 갈라 만찬에
참석하며 국제무대에 데뷔했다
갈라 만찬은 NATO 정상회의에 참석한
각국 정상 부부가 모인 주요 행사다
김 여사는 이 행사에
호스트인 레티시아 스페인 왕비를 만나
"한국에서 동갑은 자연스럽게 가까운 사이가 된다
우리는 나이가 같다"고 했다
레티시아 왕비는 "생일이 언제냐
나는 9월에 50세가 된다"고하자
김 여사는 "나도 9월인데 2일"이라며 답했다
김 여사가 "왕비님은 페션스타로도
한국에서 아주 유명하고 인기가 많으시다"고 말하자
레티시아 왕비는 "3년 전 한국에 갔을 때
여자들이 다 예뻐서 놀랐다며
그래서 화장품을 잔뜩 샀다"고 화답했다
지난달 한미정상회담 기간 중 김 여사와 인사를 나눴던
조 바이든 미국 대통령은
먼저 김 여사와 악수를 청했다

김 여사는 질 바이든 여사에게
“지난번 한국에 오시지 못해 너무 아쉬웠는데
이렇게 뵈니 너무 반갑다”며
“다음엔 두 분이 함께 오시라”고 했다
김 여사는 스페인 마드리드의 주스페인 한국문화원 내
전시장에서 ‘전통이 새로움을 입다’라는 주제로 열린
김아영 디자이너의 전시회를 방문했다
김 여사는 전시품인 한복을 살펴본 뒤
공예품 제작 문화체험 한국학당을 찾아 설명을 들었다
김 여사는 이어진 한국문화원 직원들과 간담회에서
“스페인은 화가 벨라스케이스의 고향이자
현대미술 창시자 중 하나인 피카소의 본국으로
세계적으로 유명하다”
“스페인에서 ‘K문화’ ‘K요리’가 활성화된 것은
한국문화원 직원들의 노력 덕분이라며
“여러분 모두가 애국자”라고 격려했다

국산 코로나19 백신

국산 코로나19 백신이 허가를 받았다
SK바이오사이언스의 스카이코비원이다
이로써 한국은 미국 · 영국에 이어
자체 코로나19 치료제와 백신을 모두
보유한 세 번째 국가가 되었다
식품의약안전처는 6월 29일 코로나19 백신인
스카이코비원 멀티주사제의 품목 허가를
결정했다고 발표했다
국내에서 이 백신을 만18세 이상 성인의
코로나19예방 용도로 쓸 수 있게 됐다
4주 간격으로 두 번 맞으면 된다

尹 나토 세일즈외교

윤석열 대통령은 NATO 정상회의가 열린
사흘간 각국 정상을 만날 때마다
원전 · 방위산업 · 반도체 · 배터리 등
국내 주요 수출산업을 위한 '세일즈외교'를 펼쳤다
대화 말미엔 어김없이 '2030부산엑스포' 유치를 위해
'한 표'를 부탁했다
원전 위해 백방으로 뛰겠다던
윤 대통령은 15개국 정상을 만나 대화했다
기시다 일본 총리와 4차례 대면…
한 · 일 관계 개선 물꼬 텄다
"양국 정상은 문제 해결 준비돼"
尹 NATO 정상들과 숨가쁜 '세일즈 외교'
타이틀 기사가 그렇다

김건희 · 바이든 여사

윤석열 대통령 부인 김건희 여사가
NATO 정상회의가 열린 스페인 마드리드에서
질 바이든 미국 대통령 부인 등과 환담했다
김건희 여사는 질 바이든 여사에게
"바이든 여사의 우크라이나 방문에 감동을 받았다"며
우크라이나 상황과 관련한 대화를 나눴다
김 여사는 "바이든 여사의 우크라이나 방문은
한국에도 적지 않은 반향을 일으켰다"며
"부군과 함께 가지 않고 홀로 가신 용기와
그 따뜻함에 감동을 받았다"고 말했다
바이든 여사는 김 여사에게
"높은 자리에 가면 주변에서
많은 조언이 있기 마련이지만
중요한 건 자기 자신의 생각과 의지"라며
"있는 그대로 보여주라(Just be yourself)"라고 조언했다

공항 달려간 이준석

국민의힘 이준석 대표가 다음 주
정치생명이 걸린 '운명의 한 주'를 맞이한다
7월 7일 이 대표의 성 상납 증거인멸 의혹에 대한
윤리위 징계심의 결과에 따라
이 대표의 거취는 물론 여권의 권력 지형도
요동을 칠 것으로 보인다
이 대표는 7월 1일 오전 경기도 성남시
서울공항을 찾아 NATO 정상회의를 마치고
귀국하는 윤석열 대통령을 마중했다
3박5일 일정의 스페인 마드리드 방문을 마치고
귀국한 윤 대통령은 영접 나온 이 대표와
웃으며 3초가량 악수를 나눴다
윤 대통령이 "이 대표도 나오셨네"라며 악수를 건네자
이 대표는 "순방 성과가 너무 좋았던 것 같다"며
손을 잡았다
6월 27일 윤 대통령의 출국 환송길에 불참했던
이 대표가 이날 예정에 없던 귀국 마중에 나선 것은
이른바 '윤심(尹心)'을 염두에 둔 행보라는 분석이다
친윤계의 박성민 의원이
당 대표 비서실장을 전격 사퇴하면서
"이 대표가 고립되는 형국"이라는

여권 안팎의 우려를 불식시키기 위한 것이라며
여권 관계자는 "윤리위의 결정을 앞두고
이 대표가 윤 대통령과의 관계에
아무 문제가 없다는 점을
부각시키려 한 것으로 보인다"고 말했다
다만 대통령실은 이날도
이 대표와 관련한 문제에 대해 침묵했다
그러나 대통령실 일각에서는
"이 대표가 본인이 처한 어려움에
대통령을 끌어들여 돌파하려고 한다"며
불쾌해하는 기류도 감지되고 있다

김건희 여사 패션

NATO 회담에 '버젓이' 대통령 부인으로
임무를 수행하는 김건희 여사를 지켜보는 심정은
착잡하다고 경향신문 '세상읽기'
황윤정 친환경연구가는 말했다
대선운동기간 동안 주가조작 · 논문표절 · 경력위조 등의
범죄 피의자로 주목받게 되자
"영부인이 아닌 대통령 배우자로서의
조용한 내조"를 약속했지만
그런 대국민 약속을 별다른 해명 없이
어기고 있기 때문이다
역대 대통령 부인을 차례로 방문해
대통령 부인의 역할에 대한 조언을 들은 다음
해외방문에 나서 활발한 문화외교를 펼치는
그의 주요한 이미지 메이킹 수단이
패션이라는 사실도 불편하다

역대 대통령 부인 가운데 가장 젊고
맵시가 좋은 김건희 여사 패션은 늘 주목 대상이다

여러 차례 겹쳐 입은 자줏빛 후드티와
인터넷 쇼핑몰에서 파는 하얀 슬리퍼에서 시작해

고가의 해외 명품 의상과 액세서리까지
자유롭게 세련된 이미지를 전파한다
모든 언론이 그의 패션 아이템을 시시콜콜 보도하고
급기야 박지원 전 국정원장까지 나서
"영부인의 패션은 국격을 보여준다"는 극찬과 함께
"하도 뭐라 하니까 주눅이 든 것 같다"는 등
동정론까지 펼치는 마당이다
그러는 사이 50일이 넘도록 답변서가 오지 않는
경찰 심문조서가 보여 주듯
법망은 차별적으로 작동하고 있다고도 하였다
석 달 전만 해도 김정숙 여사의 패션과
옷값 공방이 한창이었다
공식석상에서만 180여 벌의 의상과
200여 점의 장신구를 착용했다고 한다
표범 문양 브로치의 진위까지 논란이 됐다
워낙 화려한 스타일이라 더 두드러졌던
대통령 부인의 옷값을 대통령의 월급으로 냈는지
박근혜 전 대통령처럼 청와대의 특수활동비로 냈는지가
'내로남불'논란의 핵심이었다고도 했다

윤 대통령 나토 다자외교

나토 자다외교 데뷔 윤 대통령
"국제정치 현실 더욱 실감했다"
윤석열 대통령이 NATO 정상회의 일정을 마치고
귀국한 뒤 "국제정치 현실을 실감할 수 있었다"고
3일 대통령실이 밝혔다
윤 대통령은 6월 27일 출국해 3박5일
나토동맹국 · 파트너국정상회의와 한 · 미 · 일 정상회담과
10건의 양자 정상회담 등
16개 외교 일정을 소화했다
윤 대통령이 만난 30여명의 각국 정상들 가운데
"특히 동유럽과 북유럽 국가들은
한국의 원전 · 녹색기술 · 반도체 · 차세대전기차
배터리 관련 능력을 세계 최고 수준이라고 평가하면서
협력의사를 밝혔다"고 했다
윤 대통령은 이와 관련해 "각국 정상과의 만남을 통해
우리의 먹거리가 해당 분야에 달려 있다는 점을
깨달았다"고 말한 것으로 전해졌다
윤 대통령은 29일 김건희 여사와 함께 참석한
스페인동포 초청 간담회 일화도 전했다
당시 임재식 합창단장과 스페인 단원들로 구성된
'스페인 밀레니엄합창단'이 한국 가곡을 불렀는데

'보리밭' '밀양아리랑' '우리의 소원'을 노래하자
윤 대통령 부부가 눈시울을 붉혔다고
강인선 대변인이 밝혔다
동포간담회에는 고 안익태 선생 고택에 거주하며
기념관을 관리하는 안 선생의 셋째딸
레오노르안 씨도 참석했다

이준석 대표 중징계

이준석 국민의힘 대표 당권 정지 6개월
집권 두 달 만에 여당 대혼돈…
초유의 당대표 중징계 후폭풍…
이 대표 당규 내세워 사퇴거부…
권성동 "내가 당대표 직무대행"
당내 "한두 달 내 끝낼 문제 아니다"
윤 대통령 지지율 37%로 떨어져…
국민의힘이 대선 승리 4개월 만에
지방선거 1개월 만에
한 치 앞을 내다볼 수 없는 혼돈 속으로 빠져들고 있다
당 중앙윤리위원회가 7월 8일 새벽
이준석 당대표에게 당권 정지 6개월의
중징계를 내리면서다

아베 총격에 사망

일본 역대 최장수 총리를 지내고
현 집권 여당인 자민당의 최대 파벌을 이끌었었던
아베 신조(安倍晋三 · 68)가 선거 유세 도중
총격을 받고 사망했다
7월 8일 오전 11시 30분께 나라시에서
가두연설을 시작한 직후 용의자 야마가미
데스야(41)의 총격을 받고 쓰러졌다
현장에서 체포된 용의자는
2005년까지 3년간
해상자위대에서 복무한 것으로 확인됐다
야마가미는 경찰 조사에서
"아베 전 총리에게 불만이 있어
살해하려고 노렸다"고 진술했다
일본 정부는 국무회의를 열어 10일로 예정된
참의원 선거를 예정대로 치르기로 결정했다
기시다 총리는 "혼란 없이 선거를 치를 수 있도록
주요 인사에 대한 경호를 철저히 하라"고 지시했다

상공에 수놓은 태극마크

상공에 수놓은 태극마크… 블랙이글스
영국 에어쇼 최우수상 획득 기사다
공군의 특수비행팀 블랙이글스가 세계
최대군사 에어쇼인 영국 '리아트 에어쇼'에서
최우수상과 인기상을 거머쥐었다
7월 18일 공군에 따르면
15-17일 영국 글로스터셔 페어퍼드에서 열린
리아트 에어쇼에서 최우수상과 인기상을 받았다
34개국 38개 팀이 참가했고
17만 명이 넘는 관객이 몰렸다
공군의 리아트 참가는 2012년에 이어 두 번째로
그때도 최우수상과 인기상을 받았다
정성화 공군참모총장은 현장에서
블랙이글스 요원들에 "여러분의 자랑스런
모습은 어떤 표현을 해도 모자랄 것"이라고 격려했다

초음속전투기 KF-21

첫 국산 추음속전투기 KF-21 날아왔다
국산 전투기 KF-21(보라매)이 2022년
7월 19일 첫 시험비행에 성공했다
이로써 한국은 세계 8번째 초음속 전투기
개발국에 다가섰다
지금까지 초음속 전투기를 독자 개발한 국가는
미국 · 러시아 · 중국 · 일본 · 프랑스 · 스웨덴 ·
유럽컨소시엄(영국 · 독일 · 이탈리아 · 스페인)뿐
KF-21 시제 1호기는 19일 오후 3시 40분
제작사인 사천의 한국항공우주산업 인근
공군 제3훈련비행단 활주로를 굉음을 내며
박차고 이륙했다
역사적인 첫 비행은 시속 약 400km로
30여분간 사천 상공을 선회하면서 엔진 상태 등
기본성능을 점검한 뒤 안착했다
윤석열 대통령은 "자주국방으로 가는 쾌거다
우리 방산수출 확대의 전기가 마련됐다"고 했고
이날 가정법원의 산뜻한 판결도 있었다

김제방 작가의 출판도서 연보

수필집(여름사 · 지문사 · 행림출판)

1988년 인간적인 것이 그립다
1989년 빌딩숲에 매달린 고슴도치
1991년 어느 여름밤의 방황
1992년 물꼬를 터가는 사람들
1993년 사도세자 압구정역 하차
비에 젖은 남치맛자락
1994년 둥지를 찾아 헤매는 텃새
1996년 호박이 넝쿨째 굴렀네
목화꽃이 필 무렵

시집(지문사 · 한솜)

1998년 이집트로 가는 길
1999년 오아시스로 가는 길
2000년 베이징으로 가는 길
2001년 긴 만남 짧은 이야기
왕건의 나라
장하다 홍국영
2003년 홍선대원군 · 명성황후
2004년 고종황제의 최후
2005년 이승만과 김구의 대좌
2006년 박통의 그늘
세종대왕의 실수
2007년 불타는 창덕궁

역사서(문학공원 · 미래엔)

2009년 한국근현대사
2010년 한국중고대사
2011년 조선왕조사
한국민주화역사
2013년 성공한국사(미래엔)
2015년 한국현대사 1
한국현대사 2
한국현대사 3
2016년 한국현대사 4
2017년 한국현대사 5
한국현대사 6
2018년 세계사와 함께 읽는 재미있는 韓國史

역사서사시집(문학공원)

2018년 우면산 돌담불
2019년 한강의 기적
5 · 16혁명
2020년 박정희 황금시대
문재인 적폐시대
이승만 건국시대
전두환 오판시대
2021년 코로나 비상시대
흔들린 민주주의
박정희 100년 시대
추억의 대한민국
2022년 선진국 대한민국
선진국 원년의 대한민국
윤석열 대통령 시대
2023년 한국혁명의 빛

김제방 역사서사시집

한국혁명의 빛

초판발행일 2023년 1월 27일

지은이 : 김제방
발행인 : 김순진
편집장 : 전하라
디자인 : 김초롱
펴낸곳 : 도서출판 문학공원
등 록 : 2004년 3월 9일 제6-706호
주 소 : 우편번호 03382 서울 은평구 통일로 633
녹번오피스텔 501호 스토리문학사
전 화 : 02-2234-1666
팩 스 : 02-2236-1666
홈페이지 : http://www.munhakpark.com/
이메일 : 4615562@hanmail.net